永君說生肖

邱永君 著

商務印書館
2014年 · 北京

图书在版编目(CIP)数据

永君说生肖/邸永君著.—北京:商务印书馆,2014
ISBN 978-7-100-06900-7

Ⅰ.①永… Ⅱ.①邸… Ⅲ.①十二生肖—文化 Ⅳ.①K892.21

中国版本图书馆CIP数据核字(2014)第016592号

永君说生肖
邸永君 著

商务印书馆出版
(北京王府井大街36号 邮政编码 100710)
商务印书馆发行
北京瑞古冠中印刷厂印刷
ISBN 978-7-100-06900-7

2014年3月第1版 开本 787×1092 1/16
2014年3月北京第1次印刷 印张 8¾ 插页 3

定价:28.00元

学苑

中国社会科学院院报

马年说马

壬午杂谈

《院报》春节专版《马年说马》

春节专版

中国社会科学院院报

马年喜事 羊年期盼

羊年说羊

《院报》春节专版《羊年说羊》

学苑

中国社会科学院院报

猴年说猴

春节漫话

拜年、贺卡和团拜

门神与守岁

傩戏与庙会

春联与倒"福"

《院报》春节专版《猴年说猴》

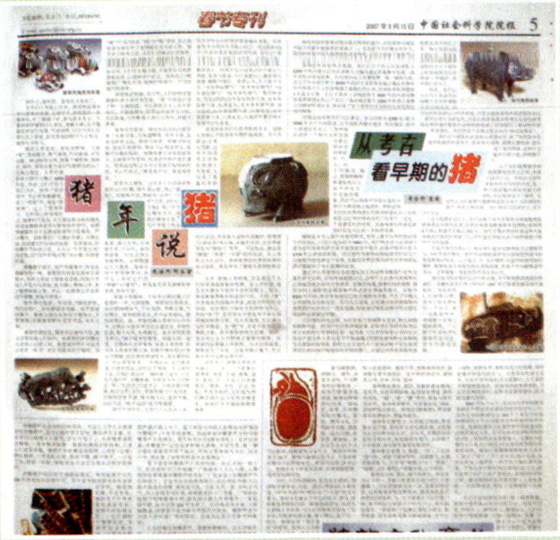
春节专刊

中国社会科学院院报

从考古看早期的猪

猪年说猪

《院报》春节专版《猪年说猪》

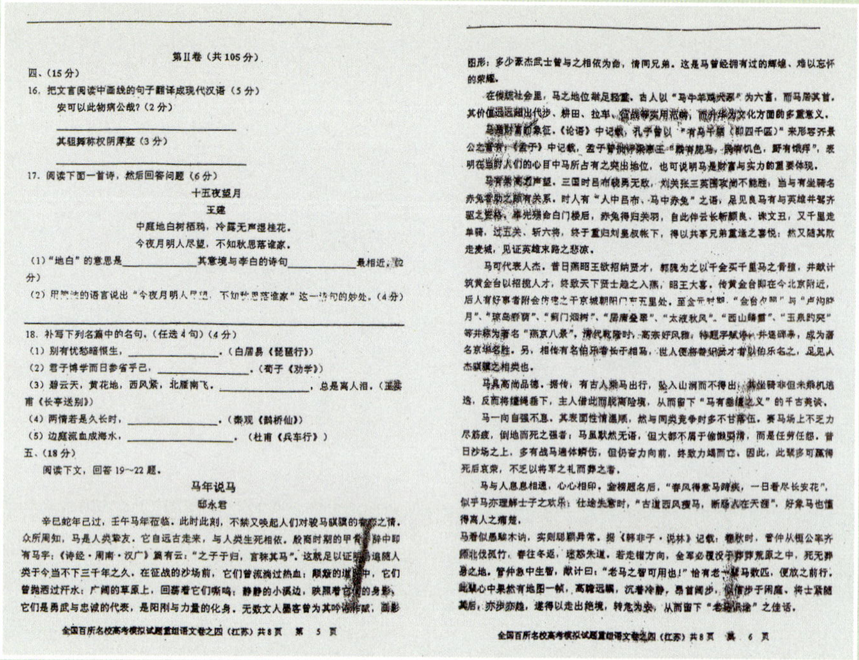

第II卷（共105分）

四、（15分）

16．把文言阅读中画线的句子翻译成现代汉语（5分）

安可以此物病公哉？（2分）

其驱舞称权阴厚整（3分）

17．阅读下面一首诗，然后回答问题（6分）

十五夜望月

王建

中庭地白树栖鸦，冷露无声湿桂花。

今夜月明人尽望，不知秋思落谁家。

（1）"地白"的意思是________其意境与李白的诗句________最相近。（2分）

（2）用简洁的语言说出"今夜月明人尽望，不知秋思落谁家"这一诗句的妙处。（4分）

18．补写下列名篇中的名句。（任选4句）（4分）

（1）别有忧愁暗恨生，________。（白居易《琵琶行》）

（2）君子博学而日参省乎己，________。（荀子《劝学》）

（3）碧云天，黄花地，西风紧，北雁南飞。________，总是离人泪。（王实甫《长亭送别》）

（4）两情若是久长时，________。（秦观《鹊桥仙》）

（5）边庭流血成海水，________。（杜甫《兵车行》）

五、（18分）

阅读下文，回答19～22题。

马年说马

邱永君

辛巳蛇年已过，壬午马年莅临。此时此刻，不禁又唤起人们对骏马骐骥的眷恋之情。众所周知，马是人类挚友。它自远古走来，与人类生死相依。殷商时期的甲骨卜辞中即有马字；《诗经·周南·汉广》篇有云："之子于归，言秣其马"。这就足以证明马追随人类于今当不下三千年之久。在征战的沙场前，它们曾流淌过热血；颠簸的道路中，它们曾抛洒过汗水；广阔的草原上，回荡着它们嘶鸣；静静的小溪边，映照着它们的身影。它们是勇武与忠诚的代表，是阳刚与力量的化身。无数文人墨客曾为其吟诗作赋，画影

全国百所名校高考模拟试题重组语文卷之四（江苏）共8页　第　5　页

图形；多少豪杰武士曾与之相依为命，情同兄弟。这是马曾经拥有过的辉煌、难以忘怀的荣耀。

在传统社会里，马之地位举足轻重。古人以"马牛羊鸡犬豕"为六畜，而马居其首。其价值远远超出代步、耕田、拉车、征战等实用范畴，而升华为文化方面的多重意义。

马是财富的象征。《论语》中记载，孔子曾以"有马千驷（即四千匹）"来形容齐景公之富有；《孟子》中记载，孟子曾批评梁惠王"厩有肥马，民有饥色，野有饿殍"，表明在当时人们的心目中马所占有之突出地位，也可说明马是财富与实力的重要体现。

马有崇高之声望。三国时吕布骁勇无敌，刘关张三英围攻尚不能胜，当与有坐骑名赤兔者助之颇有关系。时人有"人中吕布，马中赤兔"之语，足见良马有与英雄并驾齐驱之资格。奉先殒命白门楼后，赤兔得归关羽，自此伴云长斩颜良、诛文丑，又千里走单骑，过五关、斩六将，终于重归刘皇叔帐下，得以共享兄弟重逢之喜悦；然又随其败走麦城，见证英雄末路之悲凉。

马可代表人杰。昔日燕昭王欲招纳贤才，郭隗为之以千金买千里马之骨骸，并献计筑黄金台以招揽人才，终致天下贤士趋之入燕，昭王大喜。传黄金台即在今北京附近，后人有好事者附会传说之于京城朝阳门东五里处。至金元时期，"金台夕照"与"卢沟晓月"、"琼岛春荫"、"蓟门烟树"、"居庸叠翠"、"太液秋风"、"西山晴雪"、"玉泉趵突"等并称为著名"燕京八景"。清代乾隆时，高宗好风雅，特题字赋诗，并修碑亭，成为著名京华名胜。另，相传有名伯乐者长于相马，世人便将善识贤才者以伯乐名之，足见人杰骐骥之相类也。

马具高尚品德。据传，有古人乘马出行，坠入山涧而不得出，其坐骑非但未乘机逃逸，反而将缰绳垂下，主人借此而脱离险境，从而留下"马有垂缰之义"的千古美谈。

马一向自强不息。其表面性情温顺，然与同类竞争时多不甘落伍。赛马场上不乏力尽筋疲，倒地而死之强者；马虽默然无语，但大都不屑于偷懒耍滑，而是任劳任怨。昔日沙场之上，多有战马遍体鳞伤，但仍奋力向前，终致力竭而亡。因此，此辈多可赢得死后哀荣，不乏以将军之礼而葬之者。

马与人息息相通，心心相印。金榜题名后，"春风得意马蹄疾，一日看尽长安花"，似乎马亦理解士子之欢乐；仕途失意时，"古道西风瘦马，断肠人在天涯"，好象马也懂得离人之痛楚。

马看似愚騃木讷，实则聪颖异常。据《韩非子·说林》记载：春秋时，管仲从桓公率齐师北伐孤竹，春往冬返，迷惑失道。若走错方向，全军必覆没于莽莽荒原之中，死无葬身之地。管仲急中生智，献计曰："老马之智可用也！"恰有老马数匹，便放之前行。此辈心中果然有地图一帧，高瞻远瞩，沉着冷静，昂首阔步，似信步于闲庭。将士紧随其后，亦步亦趋，遂得以走出绝境，转危为安，从而留下"老马识途"之佳话。

全国百所名校高考模拟试题重组语文卷之四（江苏）共8页　第　6　页

2002年江苏省高考语文模拟试题所用《马年说马》

虎年說虎

邱永君

南加知青

[第140期]　2010年3月13日

主辦：南加州中國知青協會

主編：張亭　副主編：施志清　邱新睦

聯絡電話：（626）369-5280　傳真：（626）369-4809

網站：Http:www.zqsc.org

南加州中國知青協會是加州政府正式注冊的非營利團體。本專欄每星期六出版，歡迎大家投稿。內容應與知青相關，文體不限，短文為主。字數以不超過兩千字為宜。本編輯部擁有修改取舍權和版權。來稿可傳真，發電子郵件jimshi2200@msn.com，或郵寄至：南加州中國知青協會（ZQSC），14912 Nelson Ave., City of Industry, CA 91744

知青活動室看板

以下所有活動，歡迎本會會員和其他有興趣的朋友們參加！

知青協會活動室地址：

Temple City Community Center，10144 Bogue Street, Temple City, CA

第一活動室：知青小樂隊

第二活動室：7點—8點半　民族舞

8點半—9點半　太極功夫扇

《南加知青》所发《虎年说虎》

42 文化视野 2012年1月号

文化视野 2012年1月号 43

龙年说龍

□文/邢永君

《海内与海外》2012 年第 1 期所发《龙年说龙》

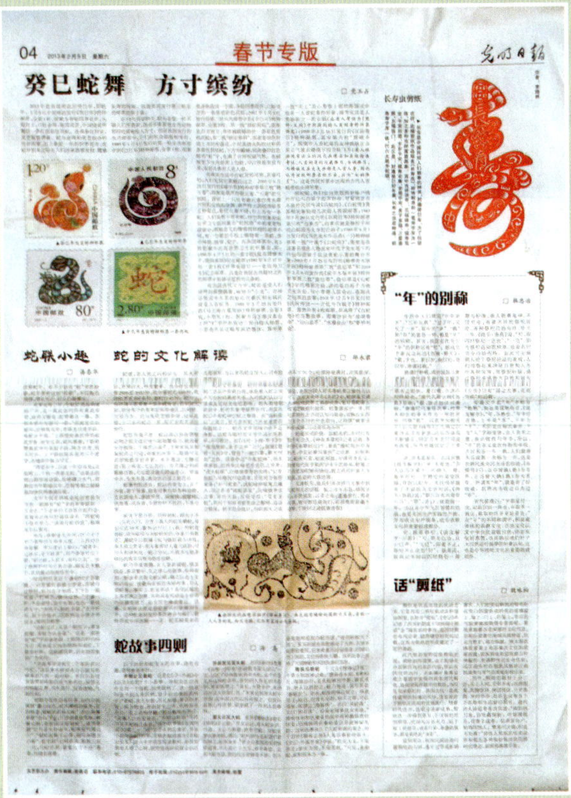
04

春节专版

光明日报

癸巳蛇舞　方寸缤纷

长寿由剪纸

"年"的别称

蛇联小趣

蛇的文化解读

话"剪纸"

蛇故事四则

《光明日报》2013 年春节专版所发
《蛇的文化解读》

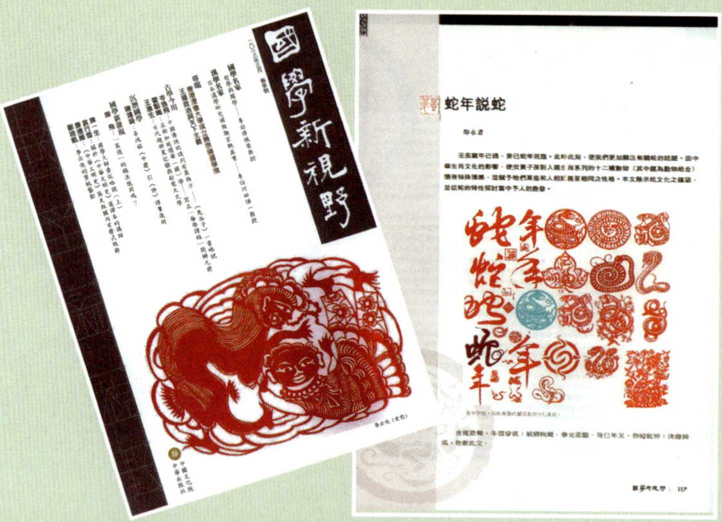

《国学新视野》2013 年第 1 期所发《蛇年说蛇》

永君自篆书名
“永君说生肖”

永君镌肖形印
“雄鸡报晓”

目录

自序 …… I

引论 …… Ⅶ

马年说马 …… 1

羊年说羊 …… 7

猴年说猴 …… 13

鸡年说鸡 …… 17

狗年说狗 …… 23

猪年说猪 …… 29

鼠年说鼠 …… 35

牛年说牛 …… 45

虎年说虎 …… 53

兔年说兔 …… 67

龙年说龙 …… 75

蛇年说蛇 …… 87

结语 …… 93
附一　虎年说猫 …… 95
附二　蝉士奇缘 …… 98
附三　小黄列传 …… 106
附四　猫狗异同 …… 109
后记 …… 113

永君說生肖

自序

就中华儿女、炎黄子孙而论，对生肖也就是属相的关注，几乎每人都有。尤其是自己的属相，往往对其蕴意更加瞩目留心。本人生于夏历丁酉年四月初八(西历1957年5月7日)，生肖为鸡，所以自幼对鸡，尤其是雄鸡情有独钟，引为同类，每每邂逅，必多看几眼。其“宁鸣而死，不默而生”的气质，锦袍红冠、昂首阔步之风神，一直影响激励着我，对我很早就养成敢于讲话、偏好逞能、口快心直、鲜于沉默的性格，发挥过重要作用。

就职于中国社会科学院后，主要职事便是撰写文章，当然是以学术论文为主。我原本最喜古诗词，亦好写散文随笔。而当今之学术评价体系，除论文外，皆不算成果，致使不少学人无暇亦无意顾及学术论文之外的领域。我对此不以为然，一直在研究之余，不失所好，为多种报刊杂志投稿。且本人兴趣广泛，题材之选取，多是本人兴致所在，一旦文思涌出，便命笔为文。不计报酬多少，只求得觅知音。如此这般，日积月累，竟已发表各类文章计200余篇，得到不少读者谬爱，亦常为此而沾沾自喜，兴致盎然。

尽管本人一向不吝惜笔墨，不节省脑仁，然将目光移至生肖文化领域，并坚持十二载春秋，却纯属偶然因素促成，而非深思熟虑之举。我工作单位民族所离中央民大家属院甚近，所以尽管已经毕业，我仍不时去导师王锺翰先生家中拜望并请教，而得益最多的领域就是撰文之法。2001 年底前后，锺翰先生曾与我谈道：“欲思文章精美耐读，适当引入骈文因素，应是妙法。当年燕园问学期间，邓文如师曾命我向张孟劬尔田先生求教骈文写作之法。孟劬先生颇擅四六，且诲人不倦，使我笔力大进，得益良多。你有拽文之好，若能在此方面多用心思，必会有所收获。当然，正宗骈文作起来费力，若功力不逮，极易搞成不伦不类，招‘画虎不成反类犬’之讥；我只是建议你将其节奏感强、用词考究、对仗工稳、行文顺畅等特点引入文章即可，而非严格按照四六句式而作茧自缚、亦步亦趋。且务必注意篇幅不宜过长，长则难以凝炼，反而不美。写作题材亦很重要，以不美之物为题材，则万难写出妙曼之文也。”寥寥数语，令我茅塞顿开。且深以为然，频频点头称是。

我过去亦甚喜骈文杰作，尤其是初唐王勃所撰《滕王阁序》，每每诵之，辄拍案叫绝，心仪神往。虽偶有效颦之念，终因自忖才情不及而放弃。此番幸得点化，不禁手头发痒。便思写上几篇习作，请锺翰师指点。转眼壬午马年春节将至，又得《院报》副刊编辑杲文川兄约稿之雅命，为春节专版撰写生肖随笔一篇，题材为马。我当时就想到，马形象高大，姿仪优雅，是撰写美文之难得题材，故而立即应允，并按锺翰先生指点，以起承转合顺序安排文章结构，适当融入骈文因素，且字斟句酌，尽量压缩篇幅，遣词炼句，逐字敲打，撰就《马年说马》一文，约3000言。真可谓绞尽脑汁，索遍枯肠，冥思苦想，不遗余力。文中有两段融入骈文因素之段落，分别安置于第二段与倒数第四段，旨在形成两座高峰。

其一曰：

在征战的沙场前，它们曾流淌过热血；颠簸的道路中，它们曾抛洒过汗水；广阔的草原上，回荡着它们的嘶鸣；静静的小溪边，映照着它们的身影。它们是勇武与忠诚的代表，是阳刚与力量的化身。无数文人墨客，曾为其吟诗作赋，画影图形；多少豪杰武士，曾与之相依为命，情同兄弟。这是马曾经拥有过的辉煌、难以忘怀之荣耀。

其二曰：

马之俊美，在形体而不在面容。其腿长体健，肌肉发达，鬃毛如瀑，长尾飘洒。行则悠然自得，志酬意满；奔则四蹄腾空，绝尘而去。草原之上，万马竞跃，诚生命洪流之起伏；沙场之中，千骥嘶鸣，真冲天豪气之跌宕。骏马不得英雄，则枉度此生，有老死荒野之悲；而英雄不得骏马，则孑然无助，罹形影相吊之苦。故而爱声色还是爱骏马，乃传统社会中是否真正英雄之重要标志。

文章刊出，好评不断。锺翰先生亦曾给予肯定，但觉得行文仍不够流畅，骈文笔法运用仍欠火候，不够娴熟。并建议今后可继续探索，切不可一曝十寒，浅尝辄止。当年5月，此文便被江苏省选为高考语文模拟试题阅读范文，从而大大激励了我撰写生肖散文之兴趣与信心。于是乎，好讲大话、忘乎所以之积习再次发作，当时简直是鬼使神差，我竟口出大言，公开声称:《院报》春节专版生肖主旨散文，乃为我而设，此地是为我所留，只要我在，别人休想染指。当时深感豪迈，过后难免心中打鼓。社科院雅士如云，名笔林立，高手甚多；十二年悠悠岁月，变数不可预知，一旦牛皮吹破，有何脸面见人？然一言既出，驷马难追。只能将此事当作本人头等大事，编辑用不用，非我可控，但我却一定要写。简直是杨白劳过年，想躲债却无处藏身也。别无选择，唯有倾尽全力，以践前言。

自那时起，我便诚惶诚恐，如临深渊，如履薄冰，严肃认真，解数用尽。精诚所至，金石为开。自壬午马年（2002年）至今年癸巳蛇年（2013年）春节发表我所撰《蛇年说蛇》止，我为《院报》(此间从《中国社会科学院院报》更名为《中国社会科学院报》，复更名为《中国社会科学报》)每年撰写并发表说生肖一篇之宏愿，业已实现，方有如释重负之感。伴随着这一过程，此系列随笔之影响日益扩大，转载率不断提高。尤其是最近几年，每年转载之报纸杂志多在五六家以上。其中包括美国出版发行的中文报纸《中国日报》之副刊《南加知青》、香港杂志《国学新视野》、国内流行期刊《海内与海外》等。尤其是今年,《光明日报》春节专版以《蛇的文化解读》之标题，登载我的蛇年主旨随笔，这是我从未奢望之事。

回首往事，不禁唏嘘。慨叹日月如梭、人生苦短之余，亦为当年夙愿得遂而深感庆幸。“说生肖”系列随笔，连续十二载，通贯整“三朝”(编辑团队整体已更换三批)，风格划一，未曾中断。在已习惯于朝令夕改、标准瞬息万变、做事虎头蛇尾、大多有始无终的当今时日，尚能如此，实属不易。作者与编辑双方之努力与互信，缺一不可，尤其是编辑之眼光与境界，更堪称道。

如此整齐划一之系列随笔，结集势在必然。当2008年中华书局为我结集出版《品物记》之后，我已将目光移至商务印书馆。我曾对翰林张元济先生做过专门研究，因而总觉与张太史所创书馆自有善缘。并期待着有朝一日，能有一部著述由商务推出。或许是上苍有意安排，去年，因本人恩师之一、民族所老所长照那斯图先生之哲嗣佟兴安兄引介，我得以与商务印书馆副总编辑李平兄、总编室主任刘祚臣兄、编辑颜廷真兄相识并成莫逆之友。诸兄以君子之交、文字之谊，特约稿于我。正是“踏破铁鞋无觅处，得来全不费功夫”。于是便将上述十二篇系列随笔整理成集，匆匆奉上。此乃拙著成书之原委也。

唐诗有云:“二句三年得,一吟泪双流;知音如不赏,归卧故山丘。”虽难免敝帚自珍,然自知水平有限,敬请方家同道与广大读者批评指正。

是为序。

邱永君

癸巳孟冬于北京西城砖塔胡同太史堂

引论

作为中华传统文化的重要因子的“生肖”之概念，国人早已耳熟能详。所谓“生肖”，又称“十二属”、“十二辰”、“属相”等，以十二种动物与十二地支相配而成之纪年方法也，亦可专指此十二种动物。其起源于何时，今已难以细考。“生肖”、“属相”二词，皆未出现于《二十五史》、《十三经》之中，故而不属于庙堂文化层面，而一直大行于市井深巷、乡间郊野。换言之，应归类于民俗文化范畴。然而，深深扎根于大众之文化因子，往往最具生命力，更显顽强，影响亦更为久远。

一

回顾历史，人类的发展历程漫长而坎坷。人猿揖别伊始，满目洪荒，文明初启。面对悠悠万物复杂的玄机，我们的祖先是那样的蒙昧而充满困惑；面对大自然的肆虐和野兽之侵袭，我们的祖先是那样的卑微而弱小。他们挣扎于种种威胁的旋涡之中，惶惶不可终日；他们对身边一切强大之物皆心存畏惧，诚惶诚恐。在惊恐、忐忑之余，一直在摸索获取身外之力的方法，更幻想着有神奇而强大的力量从天而降，助亲人于落难之时，救伙伴于危险之境。久之，“神灵”便应运而生。

从人类学视角考察，人类早期社会经历了自然崇拜、图腾崇拜两大阶段。在自然崇拜阶段，“万物有灵”，“众生皆神”，世间的一切均有成为神灵而被人类膜拜敬畏之资格。而各方大小神灵尽管形象各异，本领不一，但都具有人类不可抗拒的威力，是一种人类无法企及的境界。先人们对其祭祀惟恭，万分虔诚，以换取其保佑与帮助。这种需求和愿望代代相传，各种“神话”便层出不穷并不断发展。随之而来者，便是形形色色的原始宗教萌芽之显现。其实，这些神灵皆出自人类无与伦比的想象能力，是其美好理想和内心恐惧具象化的产物，是天地万物人格化的结果。而宗教则是对神灵崇拜的固定化、系统化和程序化的产物。正像儿童想象力胜过成人一样，人类的童年时代也充满了浪漫气质。这个漫长的时期被称作“神灵时代”，这是所有早期人类集团都曾经历过的昨天。

在此基础上更进一步，人类便进入图腾崇拜时期。这一时期，崇拜物被单一化、固定化，尤其是身边某些动物的形象，突兀伟岸、清晰可感，使人过目不忘。

“图腾”一词，源自北美印第安人阿尔衮琴部落奥吉布瓦（Ojibwas）方言之音译。在英文中，最初有Totam、Dodaim、Totem等多种不同拼写形式，而最终被定型为Totem。首先将“Totem”一词引入西方学术界者，是英国东印度公司译员兼商人约翰·郎格（John Lang）。他曾在北美生活多年，并痴迷印第安土著之风俗习惯。1791年，他出版《印第安旅行记》(*Voyages and Travels of an Indian Interpreter and Trader*)一书，首次提出“图腾”之概念。半个世纪以后，英国旅行家格雷（Grey）于1841年出版《澳大利亚西北部和西部探险记》(*Journals of Two Expeditions Northwest and Western Australia*)，其中多有对澳大利亚土著中尚存之图腾现象的描述。至此，“图腾”作为一个学术术语，逐渐为学术界所接受，并广泛运用，衍生出“图腾文化”(Totem Culture）、“图腾主义”（Totemism）、“图腾崇拜”（Totem Worship）等多种学术概念。前者代表着一个时代，亦为一大范畴、类型，所指极为宽泛，可涵盖、囊括后二者；而后二者在英文语境中常交叉混用，乃前者之子概念与分支。

图腾崇拜，是原始社会阶段最重要的宗教信仰形式之一。前已述及，所谓“图腾”者，来自印第安语Totem之音译，含义为“他的亲族”。在当时的人类组织形式即氏族部落中，图腾又是其标记与象征，并对其顶礼膜拜，诚惶诚恐。受知识水平和想象力的局限，同时亦出于对包括动物、植物在内世间万物的敬畏与尊崇，当时图腾之选择，必为某种动物、植物及自然物之具象，或上述具象之简单组合体。而是否以具象作为标记即图腾，是认定其是否处于图腾文化时代的首要标准，也是图腾崇拜的主要特征。

图腾崇拜的另一特征，是其与祖先崇拜合二为一，难分难解。图腾作为崇拜对象，自然形象仅为表征，而通过图腾体现血缘关系，凝聚氏族成员，保证群体在血缘上的统一性，是其主要功能。其内涵有三：首先，是图腾之名即群体之名，同时将其尊为群体之祖先，确信本氏族全体成员都是由图腾繁衍而来，使图腾与逝去的祖先合体，并成为标志物；其次，是将图腾作为血缘亲属，对其以祖父母、父母等称谓呼之，将长辈视为图腾之化身；再次，是将图腾作为群体保护神，从中获取精神支撑。

从自然崇拜发展到图腾崇拜，并从偶发现象过渡为普遍采用，是人类思维的巨大进步，也是原始人群在宗教信仰领域内的重要突破。自然崇拜，仅仅是人们诸多自然物与自然现象的盲目崇拜；而图腾崇拜，则是对某种特定的动植物或自然物的单一、定向崇拜。前者是后者的初级阶段及感性基础，后者是前者的认识进化与理性升华。

研究发现，在图腾崇拜领域，崇拜对象以动物居多。而社会生产力的低下，以及早期人类对自然万物认识程度之肤浅，是这种现象出现的基本原因。这是因为，动物尤其是高等动物与人类共性甚多：容貌相像，习性相似，且多有人所不及之处。如鸟之高翔、马之善走、牛之多力、虎之凶猛等等，在生命力及繁殖力方面，亦远胜人类多矣。故而常被用作本氏族的徽号与标志。其全体成员虔诚地确信，自己与作为徽号或标志的动物之间，存在着血缘关系，因而对其不仅毕恭毕敬、奉若神明，而且不离不弃、相伴相依。

随着人类各种知识之积累，对自然规律之认识及掌握程度不断深化，改造大自然、征服其他物种之能力大长，自信度与日俱增，因而逐渐变得顾盼自雄，不可一世。作为人类社会组织的标志，诸如国旗、区旗、市旗等，逐步抽象化、符号化。乃至面目全非，难以与最初之具象图腾发生直接联系。

若借用文化艺术研究领域之术语，可将世界文明之演进分为古代、近代、现代与后现代等四个阶段。而当今之我辈，正处于现代与后现代之交会点。回首往事，不禁唏嘘。我们正不可逆转、无从选择地与史前初民的生活方式渐行渐远，与曾活跃于远古时代的列祖列宗仿佛来自两个不同的星球，因而形同陌路。细究造成隔阂如此之大甚至别似天渊的原因，并非空间，而是时间。正是漫长的时间，不断荡涤着无数代先人历尽艰辛、上下求索而留下的宏伟业绩，无情泯灭他们的躯体，蒸发他们的气息，磨平他们的足迹，终使史诗般的辉煌变得黯淡模糊，依稀难辨。

然而，天无绝人之路，大地毕竟宽广。因空间差异巨大，而导致发展水平的参差不齐，致使在地球的某些角落，时间却似溪流缓缓，甚至停滞不前。一些相当于石器时代发展阶段的原始部落，竟然得以长期与文明社会并行不悖、共存同处，相安无事。只要有心人稍加留意，便似时光出现倒流，远古近在眼前。美洲、澳洲等相对隔绝的区域，土著文化带给我们的，就是一部鲜活的史前史，令我们相信，古代并非遥不可及，初民依然活在世间。西方人类学家独具慧眼，捷足先登，不仅发现图腾遗存，且不断积累资料，潜心研究，构建学科，升华理论，将初民时代丰富多彩的生活场景、可歌可泣的悲壮业绩、蹒跚的步履、艰辛的历程，全方位、多场景地再现于我辈面前。因而功莫大焉，善莫大焉。

图腾崇拜是动物崇拜与祖先崇拜合二为一的产物，也可以说是人与动物之合体。在民族志所收集的材料中，以动物为图腾的现象比比皆是，不胜枚举。国外研究者曾根据在澳大利亚的调查统计，在704种图腾中，动物图腾竟高达650种之多。究其原因，与人类社会曾经历过漫长的狩猎时代与畜牧时代大有关联，而图腾崇拜盛行于狩猎时代与畜牧时代早期。这一阶段，人类曾靠狩猎获取食物以求得生存，而狩猎的对象，则是人类生存的必需品。由于不同地区、不同时期的原始人所处自然环境不同，动物崇拜之对象也有差异。分析考古发掘所获而推论，作为早期工艺品兼生活用品的陶器上的动物图案，大都是工匠所属部族之图腾。而中国境内考古发现之情况，亦大致如此。黄河流域以北，狩猎与畜牧为主要生产方式，故而在出土彩陶中，动物图案甚多，鱼纹、蛙纹、鹿纹、鸟纹、虫草纹、蜥蜴纹等，不一而足。

二

最早将“图腾”一词引入中华者，乃清末著名学者严复先生。其于1903年，将英国学者爱德华·甄克斯（Edward Jenks）所撰《社会通诠》一书译为中文时，首次将“Totem”一词对译成“图腾”，并被中国学术界接受而成为通用译名。严复先生在按语中指出：“图腾者，蛮夷之徽帜，用以自别其众于余众者也。北美之赤狄，澳洲之土人，常画刻鸟兽虫鱼，或草木之形，揭之为桓表。而台湾生番，亦有牡丹槟榔诸社名，皆图腾也。由此推之，古书称闽为蛇种，槃瓠犬种，诸此类说，皆以宗法之意，推言图腾，而蛮夷之俗，实亦有笃信图腾为其先者，十口相传，不自知其怪诞也。”

这是对中国古籍中蛇种犬种图腾等现象之最早诠释。后随着研究之深入，发现中国古代蛇图腾信仰，不仅可从古代典籍内，而且也可从体质民族学资料中，找到多方面例证。且不仅是蛇图腾，其他动物图腾亦俯拾即是，不胜枚举。

在我国先秦至汉初成书之古籍《山海经》中，记载有大量神话传说。透过这类神话，可体味出动物崇拜即图腾崇拜之遗痕。如《山海经·海外北经》有云：“其为人大，左手操青蛇，右手操黄蛇”；《海外东经》有云：“其为人黑，两手各操一蛇，左耳有青蛇，右耳有赤蛇。”其中蛇形即为图腾。《北次三经》有云："炎帝之少女名曰女娃。女娃游于东海，溺而不返，故为精卫，常衔西山之木石，以堙于东海。"表明炎帝后裔之东方部族分支，当有鸟图腾存在。

正史当中，亦不乏动物图腾之记载。《史记·五帝本纪》中，曾记载黄帝统领熊、罴、貔、貅、貙、虎为图腾之六氏族，通过阪泉之战击败炎帝神农氏；后又通过"涿鹿之战"击败以蚩尤为首之九黎。而另一部先秦重要史籍《左传》中，曾有"太昊氏以龙纪，少昊氏以鸟纪"之记载，意即太昊氏以龙为图腾，少昊氏以鸟为图腾。而限于篇幅与主题，在此不做展开，只能书其大要，当止则止也。

以上文化遗存，无疑是我国生肖文化系列发展之基础，当可与"十二生肖起源于北方游牧民族以动物纪年"一说互为参证。

我国自虞舜时代始，便使用天干十个符号和地支十二个符号相配合，形成干支纪年法。以动物纪年之法，最初起源于我国古代西北部从事游牧的少数民族中。《旧唐书》载："黠戛斯国以十二物纪年，如岁在寅，则曰虎年。"清代著名考据学家、一甲翰林赵翼等在《陔馀丛考》中考证云："盖北狄俗，初无所谓子、丑、寅、卯之十二辰，但以鼠、牛、虎、兔之类分纪岁时。至汉时，呼韩邪(单于)款塞人居五原，与齐民相杂，浸寻流传于中国，遂相沿不废耳。"表明时至清代，学者便已察觉中国古代北方游牧民族以兽纪年方法与十二生肖之间相互联系的蛛丝马迹，并断定前者乃后者之渊源也。由此可以推论，十二生肖之产生，依托于动物崇拜、图腾崇拜之盛行与干支纪年法之运用，二者相辅相成，缺一不可。

三

欲了解干支纪年法，必先了解历法。所谓历法，也就是计日、计月、计年之法，皆源于先人长期观察世界而形成的规律性总结。日乃一昼夜之变化周期，为古人计时之基本单位；月乃月相盈亏之变化周期；而年乃四季即春、夏、秋、冬之变化周期。先人发现，日与月之比大致为 1∶29.5；月与年之比大致为 1∶12；日与年之比大致为 1∶365.25。由此便产生出一系列不同历法。

考当今全世界最为通用之历法即西历之源头，乃公元前由埃及人最早制定并使用之太阳历。太阳历主要考虑地球围绕太阳运动而产生的四季交替之周期变化，而不顾及月相盈亏周期，将一年分为 12 个月，久之便成为计算时间之历法的依据。后传至欧洲，又曾修订数次，并逐渐被世界上多数国家所接受和使用，我国称之为公历，又称西历，或曰阳历。而另有一种历法，主要以月相之变化（因月球绕地球旋转而形成）来计月，以每年 12 个月纪年，这样可体现月相之盈亏，每月以二十九日、三十日相互交替，所以称阴历。但此种阴历之一年比阳历一年相差11日左右，当今之伊斯兰教历是也。而我国古代之历法，乃兼顾四季之更迭与月相之变化，即纪年按四季变化周期，纪月按月相盈亏周期，每年12个月。而两者所差之日数，则靠闰月加以调整补偿，闰月之年，则有13个月，即所谓“三年一闰，五年两闰，十九年七闰”之法。因而称阴阳历，亦称农历，又称夏历。夏历之纪月，有定朔（月相不可见）与定望（月相为满月）之不同。自采用定朔之法（即以月相不可见为每月之首，即初一）后，满月则交替出现于每月十五或十六日（亦有满月出现在十七日晨之罕见情形），所以民间素有“十五不圆十六圆”之说。我国藏族至今仍在运用之历法（即藏历）则采用定望之法，即满月一定在每月十五，而无月之日不一定在每月初一。

现在想来，在发现、总结并运用上述规律的过程中，不知有多少先人仰望星空，冥思苦想，不断探求，薪火相继，才有了这般完美精妙的阴阳历法，堪称我中华文化之瑰宝，人类智慧之结晶。

古人发现，为便于计算时间，就必须在四季周期性变化之自然现象中，确定某一起点为岁首，也就是一年之起始。由于岁首完全是人为规定，因此何时算作岁首，往往理解不同，版本各异。中国很早就开始以立春为岁首，而欧洲国家则多以冬至为岁首，此外尚有以春分为岁首者。在古代西方各国采用的阳历，就是以春分为一岁之首。到了公元前46年，罗马帝国皇帝儒略·恺撒废除阴历，重新制定以冬至为一年之始的“儒略历”，于公元前45年施行。由于当时人们用惯了阴历，并坚持以朔日为一年的岁首，因此延至冬至第十天为一岁之首。这年的岁首就是“阳历”的1月1日。从此，1月1日作为一年的开始，一直沿用至今。随着西方国家在世界范围内影响的不断增大，采用西历的国家日益增多，其公历地位已逐步确立，势不可当。

至1912年，中华民国成立，政府宣布使用西历，以显示与国际接轨。但并未使用以基督诞辰为元年之西历纪年，而是以国号代年号纪年。新中国成立，正式废止年号纪年法，采用公历即西历纪年。但在民间层面，农历仍未曾完全废止，而是附于公历之后，兼而用之。

上述变故，使我国自己的历法退居二线而处于从属地位。然而，具有强大生命力的传统节日尤其是春节，乃依农历而行，生肖也是按农历之干支纪年法而定，这就使得农历于民间之影响尚可与西历长期共存，而幸免于数典忘祖。

四

前已述及，我国历法以干支纪年，是生肖之依托。根据中国古老的阴阳八卦观，天为阳，地为阴，天乾而地坤。天为主、地为从者久矣。天有十位，谓之“天干”，又称十母，即“甲、乙、丙、丁、戊、己、庚、辛、壬、癸”是也；与之对应者，地有十二位，谓之“地支”，又称十二子，即“子、丑、寅、卯、辰、巳、午、未、申、酉、戌、亥”是也。汉代蔡邕《月令章句》云：“大桡采五行之情，占年纲所建，于是始作甲乙以名日，谓之干；作子丑以名月，谓之支。干支相配，以成六旬。”大桡者乃黄帝之臣，此处所云之“配成六旬”，即六十甲子，乃天干十与地支十二之最小公倍数。干支按顺序相配合，由甲子、乙丑……直至癸亥，恰为六十对。其首末位亦分别为干支之首末位，一轮回是也；继而再由甲子开始，即“花甲子”也。后人称六十岁为“花甲”，即出于此。

十二生肖之产生，当有古老天文学之背景。在原始时代，先民不乏寒暑交替循环往复之体验，虽不知纪年，但可见花荣之几番、草青之几度，盖渐知以花一荣为一年、草一青为一岁也。此法于游牧民族中相沿更久。时至宋代，孟珙《蒙鞑备录》仍有记载：“其俗每草青为一岁，有人问其岁，则曰几草矣。”又，古人观天，渐渐发现月相之盈亏者十有二次与一岁相仿佛，因此便视“十二”为“天之大数”。如此日月相对，天地相合，“十二”之功用堪称大矣。

十二生肖最早见诸文字，始于我国第一部诗歌总集《诗经》。《诗经·小雅·车攻》曰：“吉日庚午，既差我马。”又见于《礼记·月令·季冬》：“出土牛，以送寒气。”东汉赵晔《吴越春秋》中，亦有“吴在辰，其位龙”。目前学界普遍认为，东汉时期王充所著《论衡》乃最早完整记载十二生肖之文献。《论衡·物势》有云:“寅，木也，其禽，虎也;戌，土也，其禽，犬也;……午，马也;子，鼠也;酉，鸡也;卯，兔也;……亥，豕也;未，羊也;丑，牛也;……巳，蛇也;申，猴也。”然文中只有十一生肖，所缺者，龙也。而《论衡·言毒篇》有云:“辰为龙,巳为蛇,辰、巳之位在东南。以此补《物势》篇之阙如，十二生肖已齐备，且十二地支与十二生肖之搭配顺序至今未改。”因此，十二生肖出现当不下两千年矣。

正史中关于十二生肖使用之记载，最早见于南北朝。《北史·宇文护传》中，摘录有宇文护之母写给他的书信一封，内有“昔在武川镇生汝兄弟,大者属鼠,次者属兔,汝身属蛇”之句。时间与之大致相同的南朝之陈国人沈炯，还有《十二属诗》传世，诗曰:

鼠迹生尘案，牛羊暮下来。虎啸坐空谷，兔月向窗开。
龙隰远青翠，蛇柳近徘徊。马兰方远摘，羊负始春栽。
猴栗羞芳果，鸡跖引清杯。狗其怀物外，猪蠡窅悠哉。

将十二属相置于句首，别具匠心，流传甚广。由此可见，当时民间已普遍使用十二生肖，以标记人之生年矣。

五

十二种动物与十二地支，是生肖纪年方式之两大要素，二者齐备且联姻，十二生肖便应运而生。前已述及，十二生肖为子鼠、丑牛、寅虎、卯兔、辰龙、巳蛇、午马、未羊、申猴、酉鸡、戌狗、亥猪。天下动物甚多，古人何以偏偏选择此十二种动物为属相？综观十二生肖，“六畜”皆与焉。六畜者，马、牛、羊、鸡、犬、豕是也。其余六种亦乃与人类关系至为密切者，如虎、鼠、兔、蛇、猴等。唯龙乃传说中之神兽，虽不见于尘世，然无所不能，为万民所景仰膜拜者也。其实，参照图腾文化说来解释生肖文化，似可体悟出十二生肖与古人选择图腾之思路正相吻合，甚至说是古代图腾之遗存，亦无不可。

十二生肖之选用与排列，有根据动物每日活动之时间而确定之说。我国至迟自汉代始，即采用十二地支记一日之12个时辰，而每个时辰相当于当今之2小时。夜晚11时至凌晨1时为子时，此时鼠类最为活跃；凌晨1时至3时为丑时，牛类反刍正酣；3时至5时为寅时，猛虎正四处游荡觅食；5时至7时为卯时，朝阳尚未升起，月亮尚在天边，此时玉兔正忙捣药；上午7时至9时为辰时，正是神龙腾雾播雨之时也；9时至11时为巳时，蛇类始活跃；上午11时至下午1时为午时，阳气正盛，为天马行空之际遇；下午1时至3时为未时，羊在食草；下午3时至5时为申时，此刻猴辈最为活跃；傍晚5时至7时为酉时，夜幕降临，鸡始归巢；晚上7时至9时为戌时，犬开始守夜；晚上9时至11时为亥时，猪类正鼾睡也。关于十二生肖排列之顺序，亦有各种传说，然或为民间开心解闷之谈资，或为百姓贬恶扬善的寓言，充满文学色彩，且流传之过程同时就是再创作之过程，因而确立于何时断难考证。但可以认定，生肖座次之排定，绝非一朝一夕之功，亦非一代人所能完成，以当今流行之话语诠释，即“集体智慧之结晶”。它体现出中华民族先人之哲思睿智，对后世之社会生活产生了重大影响。同时，可显现出干支计时方法之遗痕，以及不同个体在不同时段感受与运程有异的古老思维方式与理念。

六

生肖一词，内含二义：一是生，即生于某年；二是肖，即肖于某物。综而论之，即确信出生在某一属相之年之人，将在性格、气质、能力、运程及长处、短板等方面，与所属动物相同或相近。因生于何时，乃前世修来，自身不能预知且不可更改，所以带有强烈的宿命论色彩，表现出图腾文化的深深印记。可视作历史惯性之延伸，并可从中体味古人心目中生命运程之神秘。

西方文化体系中，亦有源远流长的生肖文化，即所谓“黄道十二宫”，国人称之为“洋生肖”。其中以人和动物占绝大多数，非动物仅有两种，配之以一年中的 12 个时段，并非与不同月份完全对应。西方人也同样认为，不同时段出生之人，在性格、运程及长处、短板等方面，也必然存在差异。其产生背景及文化渊源，与中华十二生肖大体近之，内涵及理念亦不乏相似之处,并可与“土生肖”相互参照,对应互补。

当今时日，生肖之概念与影响远远跨出国界，被朝鲜、韩国、越南、日本等“中华文化圈”国家之民众所熟知，且根据本国文化传统而做适当调整，并予以广泛应用。近年来，随着我国对外开放步伐之加大，“生肖”、“十二属”、“属相”等概念，随华人华侨传播扩散至世界各国各地之势头更猛，已成为全人类的共同文化财富。这也是中华先民对世界文化的一大贡献。我们了解生肖，趣谈生肖，用不同方式、不同领域的知识对其历史、源流、内涵、功用进行解读、阐发，无疑具有一定的文化价值与较强的现实意义。

马年说马

辛巳蛇年已过，壬午马年莅临。此时此刻，不禁又唤起国人对骏马骐骥的眷恋之情。

众所周知，马是人类挚友。它自远古走来，与我们生死相依。殷商时期的甲骨卜辞中即有“马”字。《诗经·周南·汉广》篇有云：“之子于归，言秣其马。”这就足以证明马追随人类于今当不下 3000 年之久。在征战的沙场前，它们曾流淌过热血；颠簸的道路中，它们曾抛洒过汗水；广阔的草原上，回荡着它们的嘶鸣；静静的小溪边，映照着它们的身影。它们是勇武与忠诚的代表，是阳刚与力量的化身。无数文人墨客曾为其吟诗作赋，画影图形；多少豪杰武士曾与之相依为命，情同兄弟。这是马曾经拥有过的辉煌、难以忘怀的荣耀。

生肖邮票——马

在传统社会里，马之地位举足轻重。古人以马、牛、羊、鸡、犬、豕为六畜，而马居其首。其价值远远超出代步、耕田、拉车、征战等实用范畴，而升华为文化方面的多重意义。

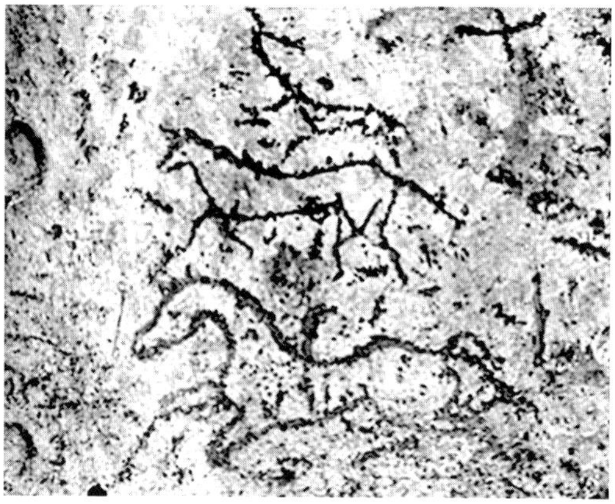

岩画中马的形象

马是财富象征。《论语》中记载，孔子曾以“有马千驷”（即4000匹）来形容齐景公之富有；《孟子》中记载，孟子曾批评梁惠王“厩有肥马，民有饥色，野有饿殍”，表明在当时人们的心目中马所占有之突出地位，也可说明马是财富与实力的重要体现。

马有崇高声望。三国时吕布骁勇无敌，刘、关、张三英围攻尚不能胜，当与有坐骑名赤兔者助之颇有关系。时人有“人中吕布、马中赤兔”之语，足见良马有与英雄并驾齐驱之资格。奉先殒命白门楼后，赤兔得归关羽，自此伴云长斩颜良、诛文丑，又千里走单骑，过五关、斩六将，终于重归刘皇叔帐下，得以共享兄弟重逢之喜悦；然又随其败走麦城，见证英雄末路之悲凉。

马可代表人杰。昔日燕昭王欲招纳贤才，郭隗为之以千金买千里马之骨殖，并献计筑黄金台以招揽人才，终致天下贤士趋之入燕，昭王大喜。传黄金台即在今北京附近，后人有好事者附会仿建之于京城朝阳门东五里处。至金元时期，

“金台夕照”与“卢沟晓月”“琼岛春荫”“蓟门烟树”“居庸叠翠”“太液秋风”“西山晴雪”“玉泉趵突”等并称为著名“燕京八景”。清代乾隆时，高宗好风雅，特题字赋诗，并建碑亭，成为著名京华名胜。另，相传有名伯乐者长于相马，世人便将善识贤才者以伯乐名之，足见人杰骐骥之相类也。

马具高尚品德。据传，有古人乘马出行，坠入山涧而不得出，其坐骑非但未乘机逃逸，反而将缰绳垂下，主人借此而脱离险境，从而留下“马有垂缰之义”的千古美谈。

马一向自强不息。其表面性情温顺，然与同类竞争时多不甘落伍，赛马场上不乏力尽筋疲、倒地而死之强者。马虽默然无语，但大都不屑于偷懒耍滑，而是任劳任怨。昔日沙场之上，多有战马遍体鳞伤，但仍奋力向前，终致力竭而亡。因此，此辈多可赢得死后哀荣，不乏以将军之礼而葬之者。

马与人息息相通，心心相印。金榜题名后，“春风得意马蹄疾，一日看尽长安花”，似乎马亦理解士子之欢乐；仕途失意时，“古道西风瘦马，……断肠人在天涯”，好像马也懂得离人之痛楚。

徐悲鸿国画《群奔》

马看似愚骏木讷，实则聪颖异常。据《韩非子·说林》记载：春秋时，管仲从桓公率齐师北伐孤竹，春往冬返，迷惑失道。若走错方向，全军必覆没于莽莽荒原之中，死无葬身之地。管仲急中生智，献计曰：“老马之智可用也！”恰有老一辈马数匹，便放之前行。此辈心中果然有地图一帧，高瞻远瞩，沉着冷静，昂首阔步，似信步于闲庭。将士紧随其后，亦步亦趋，遂得以走出绝境，转危为安，从而留下“老马识途”之佳话。

马之俊美，在形体不在面容。其腿长体健，肌肉发达，鬃毛如瀑，长尾飘洒。行则悠然自得，志酬意满；奔则四蹄腾空，绝尘而去。草原之上，万马竞跃，诚生命洪流之起伏；沙场之中，千骥嘶鸣，真冲天豪气之跌宕。骏马不得英雄，则枉度此生，有老死荒野之悲；而英雄不得骏马，则孑然无助，罹形影相吊之苦。故而爱声色还是爱骏马，乃传统社会中是否真正英雄之重要标志。

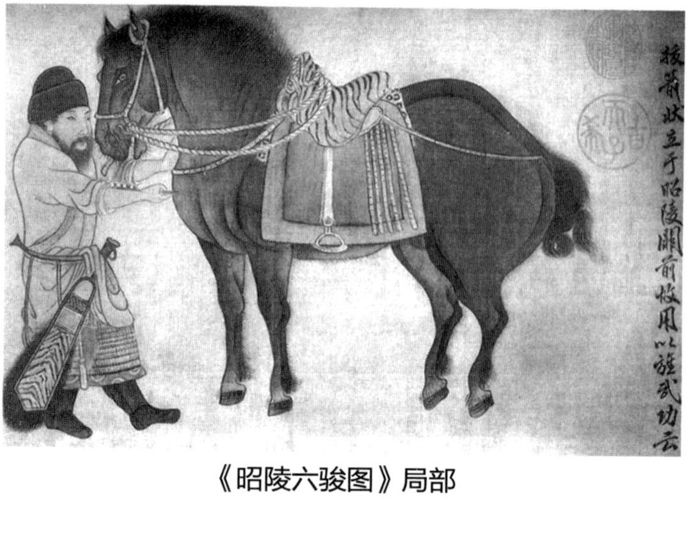

《昭陵六骏图》局部

马虽诸美齐备，然亦小有缺憾，即其面相实不敢恭维。其眼大而无神，耳小而猥琐，再配上毫无表情之长脸一张，若只睹其面，

马踏飞燕

唯当以“因可爱而美丽”来诠释。据传，北宋名士苏东坡之脸甚长，时人有“马面”之讥。苏小妹曾赋诗形容其兄曰：“去年一点相思泪，今日方流到口边。”此句用来形容马面之辽阔，亦无不可。

进入现代社会，人类生活方式与内容皆发生巨变，整个世界已面目全非。冷兵器时代最具机动性的骑兵已黯然失色而退出历史舞台；现代交通体系的发展，已将马挤出因之而得名的马路；现代通信手段的先进，使得主要由马来支撑的驿站再无存在的价值。这一切都使人类疏远甚至渐渐遗忘了曾为人类立下“汗马功劳”的老友。当今时日，这些英雄的后代或徜徉于戈壁荒滩而虚度青春，或被驱使于乡间土路而充作苦力，或卖命于赛马场以供人赌博取乐。对比其先辈之业绩与风光，只能对寒风而长嘶，徒发“生不逢时”之慨叹。

然时代之前进不以人的意志为转移，更不会以马的意志为转移。我们只能以“爱莫能助”来自我安慰矣。

日月如梭，又逢马年。与马一起重温旧梦，颇有感慨，特撰此文以记之。

驰骋的骏马

羊年说羊

马年即将过去，羊年已经在向我们招手。此时此刻，一个绰约、优雅的身影浮现于眼前，挥之不去，令人心境久久难以平复。

羊伴随人类的时间之久远、与人关系之密切，的确值得大书特书。因其形体适中，攻击力差，对人几乎毫无威胁，不似豺狼虎豹之凶猛而令人毛骨悚然，于是便成为最理想的狩猎目标之一。又因其食之者草，产出者奶、肉、毛、皮，加之其性格温顺，易于驯服，故而成为人类最早饲养的动物。古人以“马、牛、羊、鸡、犬、豕”为六畜，羊“榜”上有名，且位居前列。足以说明其在古人心目中的重要位置。

生肖邮票——羊

羊可承载艺术。由于其很早便走入人类视野，因而在早期原始文化遗存中活灵活现，荦荦大观。斑驳的岩画中，有它们壮硕的身影；陶器的图

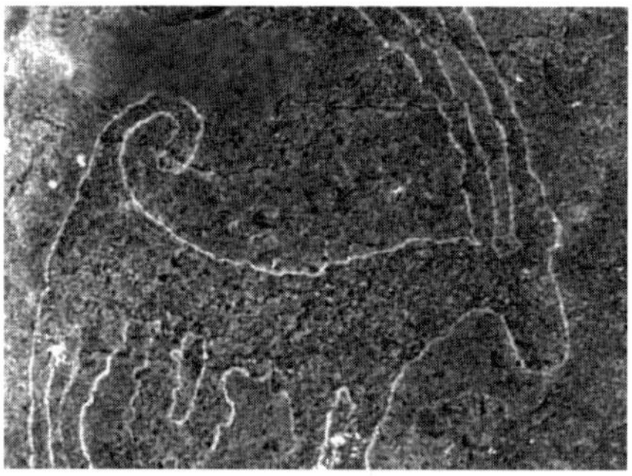

岩画中羊的形象

案里，有它们美丽的面容；从商代的“四羊方尊”、“三羊铜罍”，到汉代的“羊形铜灯”、唐代的“三彩陶羊”，直至当今的年画、剪纸等各种民间工艺品，羊的各种形象随处可见，给世世代代的人们带来了莫大的审美享受，成为人们生活内容中不可或缺的重要因素。

羊可代表美丽。汉字中的“美”字，即由“羊”和“大”两字组合而成。羊大为美，乃古人实用主义审美倾向的生动体现。

羊可充作美食。“鱼”和“羊”结合便成“鲜”字，折射出古人口福不浅，不禁让我等垂涎欲滴。

“羊”字孕育文化。古人以象形之法造出“羊”字，又因之大展其用。《汉字大字典》中，以“羊”为部首的汉字竟多达204个，充分说明其对先民生活影响力的巨大。不知不觉中，羊的影响已渗透到人类生活的方方面面，使人目不暇接。

羊曾陪伴英雄。据《汉书·苏武传》，汉中郎将苏武奉武帝之命出使匈奴。匈奴单于背汉妄为，扣留苏武并遣其牧羝羊（公羊）于北海之滨，并扬言“羝乳乃得归”。苏武与羊群为伴，手执汉节，饿吞草籽，渴饮雪水，而不辱使命。直至19年后单于回心转意，苏武才得返长安，受封典属国，留下千古佳话。

画像砖上羊的形象

羊可启发智慧。据《战国策·楚策四》载，楚怀王听信张仪花言巧语，入秦而被囚禁。襄王即位，不思进取。良臣庄辛进言而不纳，便避走于赵。不久，郢都被秦所据。襄王悔，寻见庄辛。庄辛用“亡羊补牢，未为迟也”来鼓励襄王应重整旗鼓，卷土重来。用于此处，既通俗易懂，又言简意赅。

羊可象征安泰。古语有“三羊开泰”之说。考“三羊开泰”本应作“三阳开泰”，最早出自《易经》。《易经》以十一月为复卦，一阳生于下；十二月为临卦，二阳生于下；正月为泰卦，三阳生于下。指冬去春来，阴消阳长，是吉利之象征。对“三阳开泰”的另一种解释为：十一月冬至日的白昼最短，其后则白昼渐长。古人以为此乃阴气渐去而阳气始生，所以称冬至一阳生，十二月二阳生，正月三阳开泰。因此，旧时

画像砖上羊的形象

常用作新年起始的祝愿之辞。而“羊”与“阳”同音，久之便讹为“三羊开泰”。后人附会出“三只大角羊聚立于一处”之特定造型，成为妇孺皆知的吉亨之象。

羊可体现正义。因羊在古人心目中拥有正直、美好的形象，久之便将其神化为正义的象征。据王充《论衡·是应》，唐尧之臣皋陶治狱，辅以独角之羊。此羊对嫌犯“有罪则触，无罪则不触”，极为灵验。至战国时，秦楚等国御史、狱吏等执法者皆着带有独角神羊图案之冠服，以示庄严神圣。此独角羊名“獬豸”，作为秉公执法的象征，其形象一直用作历代执法者官服图案，直至清末。

马成连国画《跪乳图》

羊性素喜清洁。羊愿居于干燥整洁之处，饥餐青草，渴饮清泉，洁身自好，远离污秽。不像某些畜类，终日嬉戏于泥淖之中，饮溺餐矢，藏污纳垢，顾盼自得，不以为耻。

羊虽娴静优雅，人见人爱，却亦小有缺憾，即反抗性差，斗争精神欠缺。即使是被宰杀，亦只低吟一声，便引颈就戮。颇不似猪，虽不能逃命，却愿引吭高“歌”，尽其所能，声嘶力竭，气冲霄汉。猪羊相异至此，其中必有缘由。据民间传说，猪羊皆因被人宰杀而心中不平，且萌生与上帝（老天爷）讨还公道之念。羊动作轻盈，脚下生风，先得接见。上帝听罢莞尔笑曰：“猪羊猪羊你莫怪，你是人间一道菜。尔等终日无所事事，专靠人类饲养，却不许人类食尔等之肉，则要尔等何用？尔等应予理解。回去转告胖猪先生，其应泰然处之，不必再劳前来。”羊闻此言，虽仍感悲哀，但思来想去，却觉合乎情理。无可奈何之余，只得打道回府。遇胖猪于途中，只见其气喘吁吁，步履维艰。羊将上帝之言转达。猪心中愤愤，仍觉不公。羊将其强拉硬拽，拖回住所。此后，羊面对屠刀只有叹息，而猪因思想不通，便大喊大叫，直至气绝。

白山羊母子

或许是受源远流长、家喻户晓的生肖文化之影响，国人中对羊年持偏见者颇不乏其人，认为羊年生子命运不佳，以致马年之尾，产妇云集；更有甚者，竟不惜提前剖腹，以避其子生于羊年之“厄运”。此举不仅从科学角度而言毫无根据，且就文化传统而论亦属无稽。另一方面，似羊固然不甚惬意，似马亦好不了许多。其实，如此为避羊年而提前剖腹之流，才真正是自寻烦恼、自交“厄运”之辈。

冬去春来，周而复始，12 年一循环，直至地老天荒。岁月不居，人生苦短。值此岁末年初，我们似应念马之崇德，扬羊之至善，厚德载物，自强不息，为追求美好明天而戮力同心，发愤进取！

白羊爱侣

猴年说猴

癸未吉羊款款而去，甲申灵猴粉墨登场。我们眼前浮现出一张生动的面容，一个灵巧的身影，是那样的熟悉亲切，简直就是我们自己的写照和化身。

俗语有云："猴是人祖宗。"意即人乃猴子衍变而成。近代生物学的发展更证明和支持了这个古人靠灵感直觉得出的判断。

广义的猴当包括类人猿在内，我们同属于脊索动物门、哺乳纲、灵长目。换言之，若干年前，我们是同祖同宗的兄弟，曾共同"学习"，并肩"战斗"；一起筑巢，结伴摘果，林中嬉戏，树上攀缘；真是无忧无虑，好生快活。未承想天有不测风云，自然环境骤变，生存条件恶化，它们的祖先或是由于好运相随，或是因为心灵"手"巧，居然得以抓住机遇，且战且走，在迅速缩减

生肖邮票——猴

的森林中生存下来。尽管时光在身边流淌而过，它们却惯看秋月春风，继续优哉游哉，基本保持了原有的贴近自然的生活方式和风餐露宿的朴素传统。而我们的祖先却是另一番光景，另一种境遇，与世世代代生息繁衍的家园相揖而别，从此踏上了充满艰难困苦的谋生之路。他们或栖身于土穴，或暂避于岩洞，与野兽拼搏，与自然抗争。在漫长的岁月里，逐渐由佝偻变为直立，由摘吃生果变为遍享美食，由栉风沐雨变为登堂入室，由战战兢兢变为傲视群雄。

岩画中猴的形象

猴自远古而来，与人类相伴相随，为时甚久，所以成了人类社会进程中必不可少的同路人，在文化领域里留下了诸多痕迹。有关猴子的故事不可胜数，以其为主角的成语亦为数颇多。

猴乃智慧象征。其智商尽管不能与人同日而语，但较之其他动物，其聪慧、灵巧程度当属上乘。首先是动作敏捷，身手矫健。无论猴“男”猴“女”，老猴小猴，不需专门训练，便皆有体操运动员之素质。只见其单手抓“杠”，腾越翻滚，环环相接，流畅舒展，颇具美感。猴的头脑也非同一般。它们善于“学习”，精于模仿；心有灵犀，悟性了得；人之所为，一点即通。诸多泼猴学会吸烟，吞云吐雾；沉湎饮酒，醉眼惺忪。马戏团的猴子则更胜一筹，走钢丝，骑单车，钻火圈，乘骏马，甚至能驾驶汽车招摇过市，连电脑也可以敲上几下。难怪我们常以“比猴还灵”来形容某人的精明机巧。

猴具鲜明个性。猴不像某些人那样油滑狡诈、懦弱猥琐，而是勇武直率、智勇双全。《西游记》中的孙悟空就是将猴的诸多美德进行提炼后塑造而成的艺术形象。作者吴承恩老先生将多种动物拟人化描写，而猴无疑是其心目中的大英雄。笔者认为似可将人归纳为“有本领有脾气”、“有本领无脾气”、“无本领有脾气”、“无本领无脾气”等四种类型，而在《西游记》中则各有典型代表。“有本领有脾气”者，孙悟空也；“有本领无脾气”者，如来佛也；“无本领有脾气”者，猪八戒也；“无本领无脾气”者，沙和尚也。而孙悟空以其本领高超、忠肝义胆、蔑视权威、敢爱敢恨的鲜明个性成为国人心目中家喻户晓、极具人气的美猴王。

猴有浪漫气质。有一则故事名“猴子捞月”，说的是猴子向往天上的月亮，很想摘下把玩。但苦于天高月远，每每望之兴叹，只能是还愿窃笑于梦中。某中秋之夜，皓月当空，水明如镜，一轮月影映于池底，景致甚美。某老猴突发奇想：何不将其捞起，以遂心愿？于是将健尾缠绕于树丫，众猴首尾相接，直抵水面。不料涟漪骤起，月影支离，众猴筋疲力尽，纷

侯景耀国画《猴》

纷坠落。水中之月未得，而个个出落成落汤鸡一般。虽成笑柄，但其追求美好事物的精神可嘉，无可厚非。

猴富团队精神。猴以类聚群居，其乐融融。虽偶有争斗，但多是玩耍嬉戏或抓虱挠痒，绝无置“人”于死地之狠手。

猴虽有不少美德，但毕竟属学识浅陋、缺乏教养之辈，故而瑕疵不少，缺点多多。猴多懒散吝啬，却又心高志远。猴好吃懒做，且报复心强。猴面容丑陋，表情滑稽，却不时正襟危坐，似在故作深沉，显得不伦不类，常令人忍俊不禁。猴目光短浅，脾气急躁，且计算能力有限，因而被人愚弄于股掌之间。

其实，猴之长处，均属自身优势，且率性坦诚，不事遮掩。其缺点则多是人类以己之心度猴之腹，牵强附会而成。众猢狲委屈冤枉，却无从诉说。平心而论，猴类的心地远比某些人类善良，行为远比某些人类高尚。值此猴年到来之际，似应学习我们近亲身上的优点，反思自己的过失，切不可让猴类代人受过，自己却枉为人形。倘若孙悟空式的威猛直率、智勇双全、忠肝义胆、敢爱敢恨的人日益增多，沐猴而冠的宵小之辈不断减少，人类则前景无限。

林中猴童

鸡年说鸡

李贺有诗云：“我有迷魂招不得，雄鸡一声天下白。”悠扬的鸡鸣，将我们从千里幽梦中唤醒，以恭迎乙酉鸡年的回归。

众所周知，鸡乃人类老友，而我国也是家鸡的故乡之一。家鸡之祖先乃原鸡，现仍生存于我国云南、广西和海南岛等地。其外形与家鸡非常相似，只是雄鸡的尾羽较长，而且略向下弯垂，须仔细观察方可辨别。原鸡又名红原鸡，生长于南方热带雨林之中，常活动于村落附近的田间地头，有时甚至混于家鸡中一起觅食。性极羞怯畏人，听觉、视觉甚是灵敏，且具飞翔能力。一见异常，便起飞入林，销声匿迹。其活动很有规律，清晨、黄昏觅食饮水，中午则躲进林中阴凉处休息，常于松土中嬉戏玩耍，曰“土浴”。雄性原鸡善啼，声与家鸡近似，只是

生肖邮票——鸡

唐代泥塑——雄鸡

尾音较短，有戛然而止之妙。我国驯化原鸡的历史由来已久，据考古实物，早在新石器时代，龙山文化遗址中就已发掘到鸡骨化石，属于仰韶文化后期的陕西庙底沟遗址也发现有大量家鸡骸骨。这就证明鸡伴随人类至少有五千年的漫长历史。漫漫原野，回荡着它们的啼鸣；巍巍峰巅，屹立着它们的身影。古人以“马、牛、羊、鸡、犬、豕”为六畜，而鸡与焉。

毋庸置疑，鸡是与我们最为贴近的禽鸟。据《尔雅》，“二足而羽谓之禽，四足而毛谓之兽”。禽鸟进入人类视野甚早，且以其羽衣华美，身材匀称，气质高雅，步履轻盈，展翅高翔，而被身重无翅的人类钦羡久矣。在漫长的原始时代，其灵巧的身影为我们的祖先带来过无尽的灵感，甚至被当作神灵而被顶礼膜拜。久之，人类形成了深厚的爱鸟、崇鸟情结。古埃及人、古波斯人、古希腊人都曾把鹰当作太阳神来崇拜，西亚的亚述人也有过人首兽身鸟翼的复合图腾。但随着诸多古国的灰飞烟灭，它们的鸟崇拜也随风而逝。而我们的祖先却升华了禽鸟，以雉鸡等鸟类为原型，创造出神鸟的形象，名之曰“凤”。且雄为凤，雌为凰，合称凤凰，同时还赋予了它一切美德：美丽、吉祥、善良、宁静，尚人文、顺天道、致太平、向光明。凤之为凤，绝非一日之功，是数千年来创新、融合、积淀的结果，而鸡、乌鸦、老鹰等皆是凤之原型。从河姆渡人的“双鸡朝阳”、良渚人的“鸡形凤图”，到东夷人的“鹰鸷族徽”，可显示出禽鸟曾是原始人顶礼膜拜的对象；从“天命玄鸟，降而生商”的著名诗句，到“凤鸣岐山”的美丽传说，足可表明神鸟曾是商周时期华夏族人的图腾。至春秋时，诸侯争霸、百家争鸣，神鸟的形象变幻不定。到秦汉归于一统，神鸟又加入孔雀、猛禽等诸多形象因素，凤凰姿容正式定型，且与龙并称为中华民族两大图腾。从与芸芸众兽形成鲜明对比者，鸡属于十二生肖中唯一的鸟属，是鸟类的代表。而其留存于生肖系列，乃鸟崇拜的孑遗与浓缩，是鸟类曾拥有的辉煌过去的记录与升华，且随着人类文化的发展而衍生出多重象征意义。

鸡具良好口碑。《尔雅翼》有云：鸡有五德，戴冠者，文也；足博距者，武也；敌前敢斗者，勇也；见食相告者，仁也；鸣不失时者，信也。的确几近君子之风范。从老子《道德经》中“鸡犬之声相闻，老死不相往来”的小国寡民理想，到陶渊明“狗吠深巷中，鸡鸣桑树巅”的田园意境，便即可体味出鸡与古人生活关系之密切与融洽。

鸡善司晨报晓。雄鸡具有与生俱来的报时本领，故有“报

画像砖上的凤凰

齐白石国画《三子》

时鸟”之雅号。它呼唤着黎明，渴望着阳光。在洪荒满目的上古时代，先人们日出而作，日落而息。而当时尚无钟表滴漏等计时工具，日晷则须有阳光相助方可大展其用，故而雄鸡便成为人类主要报时工具。凌晨时分，星月临窗。而一鸡先鸣，众鸡和之，苍凉悠远，意境绝佳。渔夫醒而结网，农人起而犁田，皆仰报时鸟之高歌齐唱也。

鸡可催人奋进。据《晋书·祖逖传》，逖与司空刘琨俱为司州主簿，情好绸缪，共被同寝。中夜闻荒鸡鸣，蹴琨觉曰：“此非恶声也。”因起舞。遂有“闻鸡起舞”之典，并用来形容一种积极向上的精神状态。

鸡曾力助贤达。据《史记·孟尝君列传》，战国时，齐公子孟尝君，性豪爽，喜交游。与魏信陵君、赵平原君、楚春申君并称四公子。其好养士，自养食客三千，待遇优厚，而不急求其用。后孟尝君涉险于虎狼之秦，逃至函谷关。时值夜半，前有关门紧闭，后有秦兵追赶，势甚危急。“关法，鸡鸣而出客。孟尝君恐追至，客之居下者有能为鸡鸣，而鸡齐鸣。”秦重法治，而守关将士所执行的法定时间表则规定

雄鸡相斗

以鸡鸣而启关。数声鸡鸣而使贤达转危为安，从而留下千古佳话。

鸡富斗争精神。雄鸡喜斗，与同类竞争时不甘沉沦，必拼死相较。届时只见二位“勇士”身着锦袍，足蹬金靴；冠盖皇皇，霞帔猎猎；杏眼怒张，眈眈相向；此进彼退，虎步龙骧。忽感阵风乍起，乃翅翼之翻动；再闻人声鼎沸，则看客之喧嚣。直杀得两喙见赤，一地鸡毛；血溅沙场，尘蔽乾坤；山岳崩颓，江河变色。胜者雄踞高台，不可一世；败者铩羽而逃，甚是凄惨。汉代已有斗鸡习俗，唐玄宗更酷爱此道，因而大行于华夏。后渐传至东亚及欧美各国，给人类带来了无尽快乐。

鸡可驱鬼逐邪。鸡鸣则旦，鸡报五更，故而雄鸡报晓是黎明将至之吉兆。据《聊斋志异》，各种狐仙鬼魅最怕鸡鸣，闻见鸡声，便慌不择路，溜之大吉，销声匿迹。故而与神鸡为伴，可大壮人胆也。

然尽管雄鸡报晓，终日乾乾，雌鸡生蛋，长年碌碌，但由于势单力孤、性格柔弱，竟未曾因功高德劭、任劳任怨而被人类所垂青，其“权益”反而长期被忽视。或因我们为威慑他人而无辜受戮，如“杀鸡儆猴”；或为人类之急功近利而蒙冤而死，如“杀鸡取卵”。这些源远流长、司空见惯的做法，折射出传统文化体系忽视“弱势群体”和遗忘功臣业绩的一面，足令吾等深感羞赧惭愧。

抚今追昔，浮想联翩。时值鸡年到来之际，不禁使我们又回忆起“酉鸡有吉”之古语。让我们激发斗志，自强不息，反思过失，再鼓余勇，迎接黎明，闻鸡起舞！

瓷器上的雄鸡形象

狗年说狗

唐诗有云:“柴门闻犬吠，风雪夜归人。”伴随着年终岁末的风雪，我们不经意间已踏入狗年之门。

考察芸芸众生，人类为其灵长，在很早以前就开始懂得将野生动物驯化成家畜，以满足各种生活需要。但此类动物绝大多数都是草食性的性情温顺之辈，容易驯化，就是偶尔犯些脾气，对人的安全也不会构成什么威胁。相反，肉食性动物则大多是另一种性格：脾气暴躁，反复无常，又多桀骜不驯，人类只能知难而退。但凡事都有例外，肉食性动物也有被人驯服并长期与人为伍者，其中就包括狗。狗又称犬，分而言之，则体形大者为犬，体形小者为狗。它们以其对人类特有的依恋和信赖，从野兽群体中分离出来，成为人类最亲密的伙伴。古人以“马、牛、羊、鸡、犬、豕”为六畜，而犬与焉，且在十二生肖中也占有一席

生肖邮票——狗

之地。

岩画中狗的形象

按生物学分类，狗属哺乳纲，食肉目，犬科，是人类最早驯化的动物。通过一万余年的繁殖、驯养，已培养出多种忠诚勇武、可与人类为伍的爱犬。据统计，目前世界上的狗多达400多种，优良品种100多种。其中名犬有藏獒、狮子狗、牧羊犬、娃娃犬、蝴蝶犬、京叭、巴哥、裤裙、贵夫人、猎兔犬、卷毛犬、圣伯纳、博美、鹿狗、腊肠、斑点、斗牛、沙皮、约克夏、凯恩、查理王、阿富汗犬、太行犬、狼狗、黑贝、松狮、细犬、袖狗等名目。虽皆称狗，但千差万别，各具特点。体形高大者达1米多，矮小者仅10余厘米；重者达100余公斤，轻者则仅有1公斤左右。可分为大型犬、中型犬、小型犬、超小型犬。狗对主人感情纯厚，感觉灵敏，记忆力好，适应性强，智力惊人，对周围环境适应极快。以拟人的方法考察之，其具备多种优点，值得大书特书。

狗有君子风范。狗与狼属血缘近亲，但性格迥异。不知先人用了何种妙法，能把狗对主人的忠诚度训练到了愚蠢的境界。在漫长的历史过程中，狗的性格发生了重大变化，具备了与人相似的某些特点，温文尔雅、风度翩翩、机智聪慧、珍惜友情、坚定沉毅，因而备受主人的喜爱，甚至被当作家庭成员，享受着高水平的现代生活。

狗具高尚美德。在漫长而艰苦的狩猎时代，狗为人立下了不可磨灭的功绩。同时，它们也造就了自己的光辉形象和口碑。孟子有云："威武不能屈，贫贱不能移。"在此用来形容它们也属贴切。它们忠于职守，任劳任怨；服从命令，绝不迟疑；爱憎分明，不附己见；跟定一人，终身不改。简直是古道热肠，视死如归，真勇武忠诚之士也。

狗可充当信使。据《晋书·陆机传》，初，机有骏犬，名曰黄耳，甚爱之。既而羁留京师，久无家问。笑与犬曰：我家绝无书信，汝能赍书取消息不？犬摇尾作声。机乃为书，以竹筒盛之而系其颈，犬寻路南走，遂至其家，得报还洛。其后因以为常。唐代诗人李贺曾有"犬书曾去洛，鹤病悔游秦"之诗句，即用此典。

狗曾力救主人。据《太平广记》，唐代太和年间，广陵人杨生有一爱犬时刻不离身边。一个寒冷的冬日，杨生酒醉卧于荒草中，遇火起风烈，情势紧急。爱犬狂吠而主人不醒，便几次跳入冰冷的水中，以水濡湿四周干草，使主人得以脱险。从此便有了"犬有

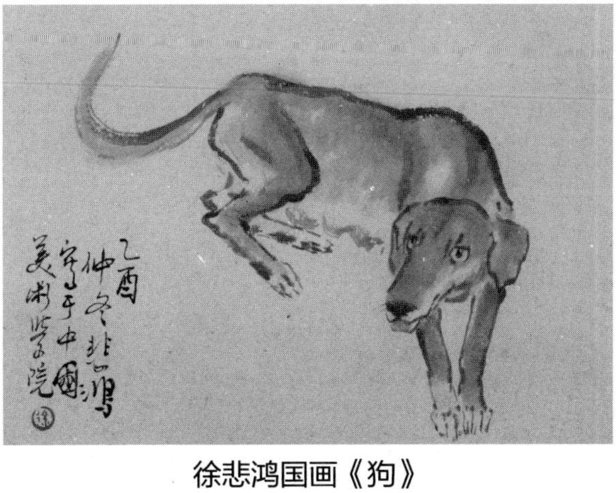

徐悲鸿国画《狗》

湿草之恩”的典故。另据满族民间传说，老罕王（努尔哈赤）在萨尔浒大胜明军，名声大震，周围各部纷纷归附。而罕王有叔叔名龙敦者，有万夫不当之勇，性情阴险凶恶，常凭借身份在营中胡作非为。一日，他突生加害罕王之念。趁罕王为庆祝萨尔浒胜利置庆功酒宴之际，一改平时骄横神态，与手下亲信向罕王大献殷勤，轮番向罕王敬酒。罕王不知是计，便接杯畅饮，终被灌得酩酊大醉，被抬至大帐休息。众人失去约束，个个喝得烂醉如泥。龙敦趁机抽身悄悄离开宴席，摸进大营，拔出腰刀朝大帐奔来。而罕王所养大黄狗正趴在帐外，看有人手握钢刀而来，立即奔至罕王眼前狂吠，但罕王未醒，大黄狗便用嘴叼住罕王衣襟往下拽，仍未能将其唤醒。此时龙敦已经来到帐门，大黄狗见其满脸杀气，已知凶多吉少，情急之中，伸嘴便在罕王小腿上狠狠咬了一口，罕王被疼醒。大黄狗转过身扑向龙敦，两爪搭在龙敦肩上，冲着龙敦脖子就要下口。龙敦挥手一刀，狗被砍死。罕王杀死龙敦，厚葬大黄狗，并吩咐部下：“山中各种山猫野兽，尽可

生肖浮雕——戌狗

以打来吃用，但今后不准再吃狗肉、穿戴狗皮，狗死，要礼葬之。因狗通人性，能救主，是义畜。”自此，满族人开始形成不食狗肉的习俗。

正因为狗有诸多优点，古人甚至用“犬子”作为自己儿子的爱称。据《史记·司马相如传》，相如“少时好读书，学击剑，故其亲名之曰犬子”。后人因以“犬子”谦称己之子也。

狗虽优点多多，但也小有瑕疵，那就是由于行事皆看主人的脸色，无丝毫自己的主见，加之在主人面前毫不掩饰地谄媚讨好，世人多有“摇尾乞怜”之讥。另外，不讲卫生、喜食秽物、体味儿难闻、大呼小叫、仗势欺人，使人很容易联想起毫无尊严的“狗腿子”的卑微形象。总之，狗集众多优点和缺点于一身，因而所获褒贬不一，甚至是毁多于誉。成语中有不少与狗有关，但多贬义。诸如“狼心狗肺”、“狐朋狗友”、“狗血喷头”、“蝇营狗苟”、“狗仗人势”、“狗尾续貂”、“狗皮膏药”“犬彘不若”等，真是辜负了狗的一片赤诚。

在生活条件恶劣的远古时代，狗的确曾大有作为，而在已无需与野兽和同类肉搏的今天，狗的英雄豪气多无机会展现，体型硕大的猛犬反不如毫无气力的叭儿狗拥有人气，致使狗留给人的印象是下作多于勇武，从而严重损

小狗戏球

狗狗相惜

害了狗的形象。

其实，对狗的态度往往能折射出一个人的个性和价值取向。一般而言，性情比较专断的人、有失落感的人更喜欢狗，借以享受被无限忠诚的滋味，从而弥补一下在人间想要达到却无法达到的境界。

以拟人的方法察之，狗属怀有入世价值取向的一类，似乎是儒家学说的信奉者。它们几乎是在忘我工作，纪律性强，忠诚而可靠；整日忧心忡忡，用警惕的目光注视一切；它们思维方式十分僵化而传统，在其眼里，只有主人是“人”，其余皆不足道哉；判定善恶是非之标准唯主人马首是瞻，毫无个人主见。与现代意识格格不入。

狗年到来，又让我们情不自禁地重新凝视我们的老友。作为社会性动物，人和狗的确有许多相通之处。我们都拥有丰富的情感世界，需要相互而非单向的尊重和赏识。但愿狗的利他精神、狗的诚信天性、狗的依恋情怀，能够感染我们的心绪和行为，激励我们追求高尚，追求真诚，不论是过去、现在还是未来。

猪年说猪

狗年过，猪年到。老朋友又见面了。

在我们人类的心目中，猪恐怕是最为实在憨厚的家畜。不像狗那样懂得讨人喜欢，善解人意；也不像猫那样我行我素，气质高雅。猪一副圆乎乎、胖墩墩的憨厚相，吃了睡睡了吃，着实老实本分。且与我们日常生活之紧密，无其他动物可与之相比，值得大书特书。

猪是人类老友。其祖先野猪，又称“豕”，青面獠牙，脾气暴躁，行动敏捷，好生凶猛。按动物学分类，猪属于哺乳纲，偶蹄目，猪科。据同位素方法对与猪相关的出土文物之测定，人类对猪的成功驯化大概在8000年前。自此，它们开始与我们为伍，结束了困苦艰辛，不必再风餐露宿，进入体制内，端起“铁饭碗”，过上了饱食终

生肖邮票——猪

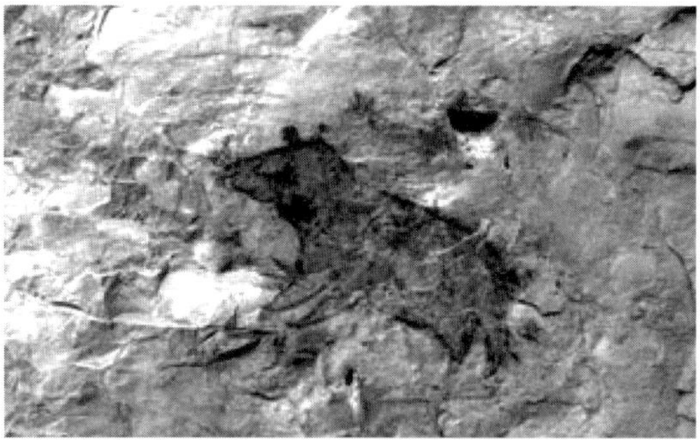
岩画上猪的形象

日、无所用心的幸福生活。随着时代更迭，其后辈逐渐由体形健美的运动健将演变为大腹便便的肥仔，由剽悍威猛的壮士出落成慈眉秀目的善类。栏中圈内，安卧着它们丰满的身躯;水塘泥淖,扭动着它们壮硕的拙影。究其缘由，好吃懒做乃众因之首。古人以“牛、羊、猪、犬、鸡”为五牲，以“马、牛、羊、鸡、犬、豕”为六畜，猪皆与焉。

猪最善于成长。在所有家畜中，猪是长得最快的一种，重要原因就是吃得多而动得少。其体力劳动主要就是进食；而脑力劳动几乎是无从谈起，绝无操心费神之劳，更少憧憬神游之累。所以一切营养几乎全部用于增膘，焉能不胖耶?

猪性勇往直前。俗话说，“猪往前拱，鸡往后刨”。仰仗着嗅觉灵敏、无比坚硬的鼻子，散养之猪为生存而不惜体力，不畏艰难，在漫漫荒野中苦苦寻觅，永无止境。

猪曾代表好运。据传自从唐代开始，殿试及第的进士们相约，如果他们中间哪位后来得以出将入相，就要请同科中书法杰出者用“朱书”即红笔题其名于雁塔。因“猪”与“朱”同音，“蹄”与“题”音谐，所以猪便成为青年学子金榜题名的吉祥之物。每当学子赶考之前，亲友们便赠送红烧猪蹄，预祝赶考人“朱笔题名”。随着时光推移，这种做法便约定俗成，世代相沿不改。后来在新年时，人们也互赠火腿，火腿多是用猪蹄烤制而成，以预祝来年好运。民间还以“肥猪拱门”象征吉祥，肥猪俨然成为一个传送福气的使者。

猪曾象征财富。在古代，人们把拥有猪数量的多少来代表贫富。“家”字就是由房子和一头猪组成，可见猪在古人心目中的地位。早期墓葬中，陪葬品中猪骨为大宗，按其数量，可判断墓主地位之高低，财富之多寡。

猪身内外皆宝。猪肉包括五脏六腑即猪下水皆可食，且味道鲜美，营养丰富，是食肉者的主选；猪皮可制革，猪鬃可制毛刷，猪血可制颜料，猪油可以制造肥皂，猪蹄可做雕刻原料，猪胰岛素可用来提炼药品。且猪粪可做肥料，促进农作物产量的增长，效果远远胜过当今可使农田板结的化肥。所以俗语云：“猪是家中宝，粪是地里金。”千真万确者也。

徐悲鸿国画《猪》

猪常为人牺牲。古代天子方伯诸侯等祭祀山川社稷，屠生灵以献，谓之“牺牲”。因规格不同，祭祀有“太牢”、“少牢”之别。《礼记·王制》谓：“天子社稷皆太牢，诸侯社稷皆少牢。”而牛、羊、猪三牲全备者，谓之太牢；只有

泥塑——猪八戒

猪羊者，曰少牢。虽仍然血腥，但比之用人来做牺牲，文明程度已大大提高。猪却太牢、少牢皆得参与，足可见人类对它们的“青睐”与“重用”。然其是否有光荣感和使命感，却未可知也。

猪富斗争精神。不似羊之面对屠刀只是低吟一声，无语就戮；明知在劫难逃，却仍要润喉运气，引吭高歌，声嘶力竭，气冲霄汉。猪羊相异至此，其中必有缘由。据民间传说，猪羊皆因被人宰杀而心中不平，且萌生与老天爷讨还公道之念。羊动作轻盈，脚下生风，先得接见。结果在“羊年说羊”一文中已经讲过，羊因为得到合理解释，心绪趋于平静；而猪却未能听得，故而大闹不止。由此可见，深入细致的思想工作和“给个说法”是何等重要。

猪可升华艺术。文学乃九大艺术之首，而文学作品中时常浮现着猪的身影。尤其是作为中国四大古典小说之一的《西游记》中，作者吴承恩根据民间传说，创作出“猪八戒”这一生动的文学形象。他面容丑陋，志大才疏，好吃懒做，好色贪财，六根不净，搬弄是非，但偶尔也可迸发出些许豪迈与勇敢、宽容与厚道，不时流露出几缕柔情与善意、幽默与随和。在《猴年说猴》一文中笔者已谈到，八戒属于没本事有脾气者，是典型平民形象的真实写照与象征，在现实生活中最为常见，比比皆是。

猪虽然是我们久经考验的老友，追随人类痴心不改甚至不惜肝脑涂地，为人类做出过重大贡献，但并未因其劳苦功高而得到人类尊重，反而成了愚蠢和笨拙的代名词。形容某人动作不灵敏时，经常用“比猪还笨”来比喻；头脑不灵活，也经常被形容为“猪脑子”等。不仅如此，猪还是“懒惰”、“贪婪”、“丑陋”的代名词。在人类的文化生活中，被使用往往带有深厚的贬义色彩。真是辜负了猪对人类的耿耿忠心。

其实，猪被人类轻蔑，完全是出于人们对其表面现象的观察。在上古时期，猪在文化意义方面并不含任何贬义，相反，猪是衡量勇敢和财富的尺码。不但“家”的含义是在房屋内养猪，就连当时的社会活动，也经常以与猪有关的事物为中心。如“事”字，在甲骨文中便是双手举长柄网捕捉野猪之状。

北京国际雕塑公园《山音》作品中的猪

而人的素质，也以猪为坐标来衡量。如“敢”字，有徒手捉猪以示勇敢之意，而不能捉猪便为怯懦。同时，也反衬出先人对野猪之重视与敬畏。而家猪因长期被人类驯养，与大自然隔离，渐渐丧失了本性。这是为寄人篱下、苟且偷生所付出的必然代价。

总而言之，猪集众多优点和缺点于一身，一方面象征着勇敢、厚道、忠诚、谨慎、诚实、宽容，另一方面又代表着愚笨、懒惰、贪吃、好色、肮脏。但无论如何，它们是与我们携手同行近万年的忠厚老友，是我们不可或缺的物质来源。

日月如梭。又逢猪年，与猪一起重温故梦，颇有感慨，特撰此文以记之。

耳鬓厮磨

鼠年说鼠

在鼠年来临之际，不禁想起一副对联:“一日时辰子为首，十二生肖鼠占先。”的确，尽管在十二生肖中鼠个头最小，且品性不端，甚至为害甚烈，但先人却能让其独占鳌头。其中三昧，颇值得一书。

鼠类是一庞大家族，按生物学分类，属哺乳纲啮齿目。而与人类关系密切者主要是家鼠、田鼠等小型鼠。尤其是家鼠，可分为大家鼠和小家鼠两类，是人类的伴生动物。尽管我们将其列入“四害”，深恶痛绝，几欲除之而后快，但穷追猛打、大开杀戒的结果，却事与愿违。鼠类不仅没有绝迹，反而越除越多，几致不可收拾，真乃无可奈何也。

生肖邮票——鼠

冷静分析原因，首先是其适应环境能力超强。古往今来，凡有人迹之处，都有它们猥琐的身影。谷场仓房，随农夫而“劳碌”分食；庭中屋内，伴

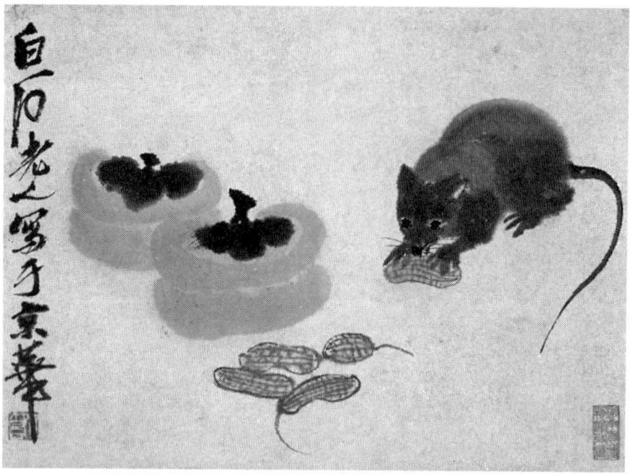
齐白石国画中的鼠趣

主人而起居安卧。它们精力充沛，不舍昼夜，尤晨昏时段内最为活跃；它们繁殖力强，生生不息。一对老鼠夫妻一年之内生子众多，子又生孙，孙又生子，可达上千后裔。它们生存技能全面，遇山翻越，遇水遨游，有屋则借住，无屋则打洞。它们虽视力稍差，但嗅觉、触觉极为灵敏，记忆力强，警惕性高，行动敏捷，小心谨慎，善于合作，配合默契；它们胃口甚佳，消化力强，人吃的东西它们都能吃，人不能吃的东西它们也照吃不误。以上种种优势，使其终成人类难以应对的劲敌。且由于现代交通体系的发展，使鼠类如虎添翼，过去曾难以跨越的地理隔离迎刃而解，为栖息地的无限扩张创造了条件。它们借铁路穿过沙漠，借轮船漂洋渡海，甚至坐飞机周游世界，使其不断开辟新的活动区域。已有科学家预言，如果人类灭绝后，统治世界者非鼠类莫属。

当然，因鼠类进入人类视野甚早，所以其存在早已不限于其生物习性，而成为文化学领域的重要符号。进入十二生肖系列并排在榜首，本身便表明其与先人生活之密切。天下动物种类无数，古人何以偏偏选择十二种动物为属相？综观十二生肖，“六畜”皆与焉。六畜者，马、牛、羊、鸡、犬、豕是也。其余六种亦乃与人类关系至为密切者，如虎、鼠、兔、蛇、猴等。唯龙乃传说中之神兽，虽不见于尘世，然无所不能，为万民所景仰膜拜。而十二生肖之选用与排列，似根据动物每日活动之时间而确定。我国至迟自汉代始，即采用十二地支记一日之12个时辰，而每个时辰相当于当今之2小时。夜晚11时至凌晨1时为子时，此时鼠类最为活跃，故而排在最前；凌晨1时至3时为丑时，牛类反刍正酣；3时至5时为寅时，猛虎正四处游荡觅食；5时至7时为卯时，朝阳尚未升起，月亮尚在天边，此时玉兔正忙捣药；上午7时至9时为辰时，正是神龙腾云驾雾播雨之时；9时至11时为巳时，蛇类始活跃；11时至13时为午时，阳气正盛，为天马行空之际遇；13时至15时为未时，羊在食草；15时至17时为申时，此刻猴辈最为活跃；17时至19时为酉时，夜幕降临，鸡始归巢；19时至21时为戌时，犬开始守夜；21时至23时为亥时，猪类正鼾睡。

另一说，先人在安排十二生肖顺序时，考虑到这十二种动物的足趾有单数（奇）和双数（偶）之别，便依其足趾之

年画——《老鼠娶亲》

奇偶，予以参差排列。其他十一种动物，不管四足还是二足，其足趾数前后或左右皆一致。比如，牛四趾（偶）、虎五趾（奇）、兔四趾（偶）、龙五趾（奇）、蛇无趾（同偶）、马一趾（奇）、羊四趾（偶）、猴五趾（奇）、鸡四趾（偶）、狗五趾（奇）、猪四趾（偶）。唯独鼠是前足四趾、后足五趾，奇偶同体，不好安排，只能将其列于首席。

还有一说。据满族民间传说，很早以前，老鼠无论是个头、力量还是智慧，都比百兽高出很多，得到天神赏识，任命它为十二生肖之首。还用古人尊称“子”字相配，大家都恭敬地称它为“子鼠”。老鼠上任之初，还算敬业，带领其他十一个动物轮流值年，岁岁风调雨顺，国泰民安。可日子一长，老鼠便觉得自己与众不同。经常训斥下属，浪荡逍遥。天神闻知，把它传到天上，狠狠地教训了一番，并把它身子缩小了一半。可是这个娇懒成性的家伙，从天上一下来，依然故我。十一生肖联名向天神告状，天神勃然大怒，又将老鼠传到天庭，下令开刀问斩。老鼠痛哭流涕地哀求，又给十一生肖依次叩头，求它们给说情，大家一看它真心改过，跪倒求情，好说歹说，才免其一死，打了几百大板，把它身子又缩小了一大半，和狗一般大小了。可下界后，它竟做起小偷。天神见其恶习难

秤砣上的老鼠形象

改，而偷又不犯死罪，便一狠心将老鼠缩小成现在这般模样，且不许它在地面上住，还派玉猫下界专管老鼠。这一来，老鼠过街，人人喊打，致使它看见任何动物都怕得要命。

齐白石国画《老鼠偷油》

老鼠的确是一身恶习，不容姑息。唐代文学家柳宗元曾撰寓言《永某氏之鼠》云，永有某氏者，畏日，拘忌异甚。以为己生岁直子，鼠，子神也，因爱鼠，不畜猫犬，禁僮勿击鼠。仓廪庖厨，悉以恣鼠不问。由是鼠相告，皆来某氏，饱食而无祸。某氏室无完器，椸无完衣，饮食大率鼠之余也。昼累累与人兼行，夜则窃啮斗暴，其声万状，不可以寝，终不厌。数岁，某氏徙居他州。后人来居，鼠为态如故。其人曰："阴类恶物也，盗暴尤甚，且何以至是乎哉？"假五六猫，阖门，撤瓦灌穴，购僮罗捕之。杀鼠如丘，弃之隐处，臭数月乃已。呜呼！彼以其饱食无祸为可恒也哉！宗元借此隐喻骄横无忌的作恶之徒必得恶报也。

因其劣迹斑斑，先人深恶之，所以成语典故中虽不乏鼠字，如"獐头鼠目"、"鼠目寸光"、"抱头鼠窜"、"胆小如鼠"、"城狐社鼠"等，但均为贬义，足见其在先人心目中形象之丑陋。

当然，先人也有轻松诙谐的细胞，有关老鼠的话题并非全都如此沉重。民间过春节时，年画必不可少，四川绵竹、天津杨柳青、山东潍坊、江苏桃花坞等四地的木版年画在全国最为著名，有“四大年画”之称。而民间流传最广的年画题材竟是“老鼠娶亲”，画面展现了老鼠依人间风俗迎娶新娘的有趣场面。其画构图生动活泼，热闹非凡，曾给鲁迅先生留下不可磨灭的印象。1926年，鲁迅先生发表《狗·猫·鼠》一文云，我的床前就贴着两张花纸，一是“八戒招赘”，满纸长嘴大耳，我以为不甚雅观；别的一张“老鼠成亲”却可爱，自新郎、新妇以至傧相、宾客、执事，没有一个不是尖腮细腿，像煞读书人的，但穿的都是红衫绿裤。正如他说的那样，这幅寓教于乐的“老鼠娶亲”，不但唤起成年人的兴趣，对儿童的艺术感染更为强烈。

此外，历史上也曾有过老鼠嫁女节。一般在正月二十五晚上，当晚家家户户都不点灯，全家人坐在堂屋炕头，一声不响，摸黑吃着用面做的“老鼠爪爪”等食品。不出声音是为了给老鼠嫁女提供方便，以免得罪老鼠，给来年带来隐患。

实验器皿中的小白鼠

在台湾民俗中，传说正月初三晚上

群鼠进餐

是老鼠结婚日，民间剪纸中的“老鼠娶亲”就是这一传说的反映，所以深夜不点灯，在地上撒米、盐，人要早些上床，不打扰老鼠的喜事。有学者认为，老鼠嫁女日的行事与禁忌，实质上属于一种祀鼠活动，与图腾崇拜有关。汉族“十二属的传说”称，鼠有打开天地、化生万物的神通，此类传说反映出鼠在古人的动物神崇拜中的特殊地位。至于老鼠嫁女与鼠崇拜之间的关系，应是古人对鼠表示尊敬和友好的习俗之孑遗。

在西方，老鼠的形象更加生动活泼。诞生于美国的米奇老鼠无疑是鼠界最为耀眼的明星。1922年，欢笑卡通公司老板、漫画家沃尔特·迪斯尼在画板上描绘他的漫画家之梦。一天，当他伏案画画时，有一只小老鼠瑟瑟缩缩地爬到桌子上偷食面包屑。当小老鼠发现沃尔特并未加害于它时，便壮起鼠胆爬上书桌，仿佛是在看他画画。在寂寞与苦闷中，一大一小两个生灵建立起深厚的友谊。在短短的两个月时间里，那只小老鼠成为沃尔特的忠实朋友。它虽然淘气，却也很温顺，更会撒娇，有时甚至蜷伏在沃尔特的手掌心里睡大觉。沃尔特很喜欢看着它，研究它的每一个动作，甚至还会对着镜子又皱鼻子、又努嘴巴，学着小老鼠各种可爱的小动作。在公司倒闭的当天晚上，沃尔特将小鼠带到附近树林，放在地上，并在心里与小鼠默默道别。小鼠走了，但它的形象却深深留在沃尔特的脑海中。也许是人类尔虞我诈的事情太多，沃尔特倒更喜欢小动物的坦诚与无欺。六年后的1928年，就在沃尔特计划要为制作一部卡通片而塑造一个新的角色时，那只令他念念不忘的小鼠突然从他的心灵深处跳将出来。沃尔特先画了几张老鼠的草图，这只老鼠太像沃尔特本人了，鼻子、面孔、胡须、走路的姿势和表情，都有沃尔特的影子。小老鼠被命名为米奇。它是一个温柔可亲、善解人意，但也有些急躁粗心的小家伙；它很有正义感，喜欢打抱不平，常常不自量力，使自己身陷险境；它很有些机智，也很勇敢，所以最后总能化险为夷；它还有淘气的一面，常常喜欢恶作剧，开一些无伤大雅的小玩笑。后来卡通片

英国涂鸦作品《老鼠出行》

老鼠闹春紫砂壶

上映，一炮打响。自此，“米奇老鼠”一直是迪斯尼乐园的头号明星，以其为主角的卡通片在全世界已拥有超过 130 种语言的不同版本。目前，中国小朋友所熟悉的“米老鼠”，就是由“米奇老鼠”简化而来。通过老鼠娶亲和米老鼠形象的出现和传播，可以感悟出东西方文化体系内不同的价值观与想象力。

又逢鼠年，使我们更加关注有关老鼠的话题。人类在与老鼠的长期博弈过程中逐步认识到，试图将老鼠斩尽杀绝的打算不仅不能实现，而且也不合理。就我国而言，现有鼠类达 180 余种，而有害的只有大小家鼠和田鼠等 10 余种，且只有当其形成一定密度后才会造成危害。只需将其种群控制在一定密度之下，鼠害就不会出现。另一方面，鼠类是其天敌黄鼬、鹰隼及蛇类的主要食物，此辈以鼠为食，大大减少了鼠类对农作物和人类的危害，在防止鼠害暴发、防止疾病传播、维持生态系统平衡等方面，都具有重要作用，因而是人类的益友。如果灭尽就会破坏生态平衡，使上述动物出现生存危机。所以灭鼠就是想方设法消灭鼠类中的过剩部分，有效控制其生存密度，使其不影响人类和鼠类天敌的正常生活。如果不以科学方法和理念指导而盲目灭杀，在巨大的投入之后只能是劳而无功。尤其是靠药物灭鼠，毒饵施放，鼠类前仆后继，而天敌却因此而岌岌可危，教训不可谓不深刻也。况且，它们也并非一无是处。众所周知的小白鼠，便是人类在医学实验过程中必不可少的实验动物。

在一个多样性并存的世界，世间万物应各得其所。以人之好恶取舍而欲灭绝某种生物，不但难以如愿，甚至适得其反。人与人需要和谐，人与其他动物之间也需要和谐。过犹不及，诚古人之大智慧也。

寻觅知音

牛年说牛

戊子鼠年将过，己丑牛年光临。忠诚憨厚、吃苦耐劳的老友又和我们见面了。

大家都知道，牛是人类的老朋友，所以其形象熟悉而亲切。从生物学角度言之，牛属哺乳纲偶蹄目草食性反刍动物，野生牛体形硕大，勇猛无比，但被人类驯化以后，个头有所缩小，性格有所弱化。从时间上考察，牛被驯化甚早。在我国，主要有黄牛、水牛、牦牛、杂交牛等不同品种。先民以“马、牛、羊、鸡、犬、豕”为六畜，而牛与焉。在与人类共同生活的悠久历程中，牛以自己的吃苦耐劳、诚实憨厚赢得了绝佳口碑，从而升华为文化学意义上近乎完美的正面形象。

生肖邮票——牛

牛是美德象征。在中国文化的历史中，牛是勤劳的标志、高尚的象征、任劳任怨的代名词。自古以来，农耕

岩画上牛的形象

便是我国最主要的生产方式。在北方，黄牛犁地拉车；在南方，水牛耕耘水田；在高原，牦牛吃苦耐劳。它们对人类无所求，对环境无奢望；不贪图享受，不计较得失。广袤的田野间，随处可见它们劳作的身影；崎岖的道路上，总能闻得它们辛苦的喘息。我们不惜用最美好的字眼，来歌颂赞扬我们这群忠实而沉默的老友。它们甘于奉献，不仅辛勤耕耘，还有其他多种用途。它们吃的是草，挤出来的却是奶；牛肉供人们食用，牛皮可制成皮鞋或皮包，牛骨可熬胶，牛毛、牛角可制工艺品，牛黄还可以入药，甚至牛粪都是上等农家肥料。

牛常为人牺牲。古代天子方伯诸侯等祭祀山川社稷，屠生灵以献，谓之“牺牲”。前已述及，因规格不同，祭祀有“太牢”、“少牢”之别。《礼记·王制》谓：“天子社稷皆太牢，诸侯社稷皆少牢。”而牛、羊、猪三牲全备者，谓之太牢；只有猪羊者，曰少牢。虽仍然血腥，但比之用人来做牺牲，文明程度已大大提高。只有牛领衔者可称太牢，足可见人类对它们的“青睐”与“重用”。然其是否有光荣感和使命感，却未可知。

牛性英勇无畏。冷兵器时代，有火牛阵法，在上千头牛犄角上绑上尖刀，牛尾上缚物浸油，夜间布于阵前。届时突将牛尾之物点燃，火助牛威，牛借火势则冲锋陷阵，勇往直前，攻无不克，战无不胜。当今虽已进入现代，火牛阵法无从再展威力，但在西班牙斗牛节上，于斗牛士与斗牛的进退斗法过程中，人们还是能体味出牛的勇猛与刚烈。

牛曾见证爱情。我国民间传说中，不乏浪漫故事。其中尤以牛郎织女、白蛇许仙、孟姜女哭长城和梁山伯与祝英台四大传说最为著名。而牛郎织女传说，见诸史籍最早，并由神话转为传说，最终家喻户晓，在民间传诵了两千多年。牵牛和织女原是天上银河系的两颗亮星。以牵牛星和织女星为主人公的神话，可谓我国星宿神话中硕果仅存者。在《诗经·小雅·大东》中，便有“维天有汉，监亦有光；跂彼织女，终日七襄。虽则七襄，不成报章；睆彼牵牛，不以服箱”之语。汉代以后，在《古诗十九首·迢迢牵牛星》中，有“迢迢牵牛星，皎皎河汉女”，“盈盈一水间，脉脉不得语”之句。东汉应劭所撰《风俗通义》中，有“使鹊为桥”的情节。综合起

李可染国画《牧牛图》

唐代韩滉《五牛图》

来，故事梗概日臻完备。到了唐代，牛郎织女传说完整形态及互为表里的“七夕乞巧”习俗，终于成熟而定型，一直流传至今日。而老牛成全和见证了牛郎织女的爱情，堪称无名英雄。

牛乃始祖化身。据晋皇甫谧《帝王世纪》，“神农氏，姜姓也。母曰任姒，有蟜氏女，登为少典妃，游华阳，有神龙首，感生炎帝。人身牛首，长于姜水。有圣德，以火德王，故号炎帝”。炎帝与黄帝并称我中华始祖，而炎帝却是牛首，足以说明牛在先民心目中的崇高地位。

牛曾孕育文化。由于牛与人们日常生活关系紧密，所以受到先民的垂青与重视。我国目前已知最早的成熟文字是甲骨文，书写方式主要是用刀刻于龟甲与兽骨之上，而兽骨以牛肩胛骨最为常见。所以牛骨堪称最早的文字承载物之一。在成语、俗语中，带“牛”字的也不胜枚举，如“初生牛犊不怕虎”、“牛刀小试”、“牛肥马壮”、“气壮如牛”、“庖丁解牛”、“牛衣对泣”、“吴牛喘月”等。作为偏旁部首，以牛为偏旁的字也有很多。据1996年版《现代汉语词典》，以牛为偏旁的字有44个，常用的有告、物、牧、犁、特、犟、牺、牲、牝、牡、靠等。

牛曾伴随智慧。在我国，老子驭青牛出函谷关，入秦西游的故事，几乎是尽人皆知。《史记》有载，而东晋道士葛洪撰《神仙传》记之更详。据《神仙传·西度函关尹喜问道》，函谷关尹名喜，嗜读古书，施德行仁，损身济物，不求闻达。每夜仰观乾象，见紫气渐逼，长有丈余，飞入关来。喜曰：朝夕必有异人至此。乃命洒扫四十里以待。二十日甲子，老子乘舆，驾青牛，叩关欲度。喜曰：“我今得见圣人矣！”即具朝服出迎，跪伏叩头，并再拜曰：“敢问神人姓氏，可得闻乎？”老君曰：“吾姓字渺渺，从劫至劫，不可尽说。今姓李，字伯阳，皆号吾为老子。”喜于是就官舍，设坐供养，行弟子礼。于是老子尽传以内修外炼，度世之法。中有九丹八石，玉醴金液，治病养性，谷绝变化，役使鬼神之法术。喜退而书之，凡九百三十卷，符书七十卷。喜又请教诫，老子授之五千余言，即今日所见《道德经》。老子遂自驭青牛西行而去。“紫气东来”之典，即出于此。

牛可衍生艺术。由于牛与人类关系密切，形象美好，所以自古便成为艺术家笔下的模特，文人骚客吟咏的对象。唐代著名画

早期壁画中的公牛英姿

雕塑——猛牛

家韩滉所作《五牛图》，为其中最为著名者；现代画家李可染，便以画牛而著称，其杰作《九牛图》、《水牛赞》等，均已成为画坛瑰宝。诗人咏牛之作也不胜枚举。尤以宋人李纲所作《病牛》最为知名。诗曰："耕犁千亩实千箱，力尽筋疲谁复伤？但得众生皆得饱，不辞羸病卧残阳。"将牛的艰辛与高尚描写得淋漓尽致，读罢令人伤感。有关牛的对联也不少，如"旧俗已随鼠年去，新风伴着牛年来"、"鼠影退去千谷实，牛步走来万木华"等。随着牛年的到来，以牛为主人公的对联又可大展其用也。

牛不仅在我国地位尊崇，在世界许多国家也一直享受着世人尊敬。在西方，牛是财富与力量的象征的观念早在古埃及时期便已形成。据《圣经·出埃及记》载，以色列人由于从埃及出奔不久，就利用黄金打造了金牛犊，当作耶和华上帝的形象来膜拜，尽管招致上帝的惩罚，但表明他们尚未摆脱从埃及耳濡目染的习俗。在印度教中，牛是不可侵犯的圣物，因为牛是印度教中三大主神之一的湿婆神的坐骑。所以印度教信众不可食牛肉。牛甚至被人们敬为"神牛"，不准鞭打、伤害和役用，更不能宰杀吃肉。逢年过节，要举行敬牛仪式，在公路上或闹市区遇到“神牛”，不论行人还是车辆，都要绕道回避。牛兄弟优哉游哉，怡然自得，更无性命之虞，故而印度堪称牛之天堂也。

但令人遗憾的是，尽管牛为人类辛勤付出，任劳任怨，但因过于憨厚，忍耐力超强，反而更容易被人们侵害。在中华传统文化体系中，牛得到的待遇与其贡献大不相符。在十二生肖排列时，一身劣迹的老鼠，竟排在牛之前而位居其首，便是对牛不公的现实例证。

关于将老鼠排在牛前的理由，大致有两说，前已述及，此处不再赘言。无论有何种理由，将老鼠排在牛前，都有对牛不公正之嫌。而俗语所云之“耕牛无宿草，仓鼠有余粮”，便是长期以来牛自身处境的真实写照。每每与它们平静麻木而憨厚无邪的眼神对视，一种愧疚之情不禁油然而生。

又逢牛年，使我们更加关注有关牛的话题。一方面，我们喜欢牛，赞赏牛；而另一方面，因牛对人的忠诚已达到愚蠢的境地，反而常遭轻视甚至贬斥。比如，人们形容愚笨者为“蠢牛”；别人不能理解自己的语意时，便认为是在“对牛弹琴”；形容貌丑或宵小为“牛鬼蛇神”等，毫无友好之

青藏高原上的牦牛群

善意。因草营养含量低，所以牛只能依仗其四个胃囊，靠加大食量且不得不经常反刍以助消化。因而民间总讥笑能吃者为“牛腹”,称豪饮者为“牛饮”。另外,形容脾气大者为“牛脾气”，形容行动迟缓者“牛步迟迟”。尽管牛从不夸口，但不知何故,我们习惯于称夸耀不实者为“吹牛”、“牛皮”、“牛哄哄”等。更有甚者，称倒卖火车票、投机取巧的不法分子为“黄牛党”。对牛而言，真是千古奇冤。而形容两件事毫不相干为“牛头不对马嘴”,形容不知变通者为“钻牛角尖”，以“泥牛入海”指代一去无返等，也是对牛的大不敬。

过去的遗憾无法改变，但我们完全可以通过努力创造未来。在鼠牛两年之交，我们最应做的，就是要惩治恶鼠，扶持憨牛，不能再让“耕牛无宿草，仓鼠有余粮”的悲剧无限期重演下去，不使忠厚老实之辈蒙冤吃亏，让世界更美好，让社会更公平。

作者与牦牛群

虎年说虎

仁厚憨牛谢幕，雄健猛虎登场。寰宇寒风阵阵，神州白雪皑皑，虎影未见，而虎威先至也。

众所周知，虎又称老虎，另有山君、大虫、於菟(wūtú)等别号，乃百兽之王，山林霸主。以生物学分类，属哺乳纲、食肉目，与狮、豹、猞猁和猫等同属猫科，而块头最大，能力最强。曾有亚种九，今仅存其六。而世居我中华大地者则有身躯硕大、雄健威猛之东北虎和体形较小、匀称灵巧之华南虎。尤其是后者，其活动范围分布于中原及其周边一带，我国文献中现身之虎，即为此类。殷商甲骨文中，已出现“虎”字，表明其进入先民生活已有三千余年之久。在漫长的争夺生存空间的博弈中，人畏虎之凛凛声威，虎惧人之高超智慧，与我先民可谓不离不弃、惺惺相惜、遥遥相望、敬而互远。久之便升华为一种文

生肖邮票——虎

岩画中虎的形象

化学意义上的古老情结，内涵丰富，值得一表。

虎偕王者之气。其动作舒缓，身材匀称；毛色斑斓，气质高雅；爪锋齿利，尾刚肢强；反应敏捷，武功盖世；临山而陟，如履平地；遇水横渡，不逊游龙；静若处子，动如脱兔；信步旷野，不怒而威。长啸则百兽战栗，稳踞而鸦雀无声。威风八面，气势恢弘，颇似人间之王者，故而备受敬畏尊崇，甚至膜拜有加。传说汉字中的“王”字，便是依虎额头三横一竖纹理而来，足以表明其在先民心目中之地位。

虎具英雄本色。猛虎齿锋爪利，力大无比，雄踞于食物链之巅，所向披靡，为先民所羡慕与敬佩。据《周礼·夏官》，早在夏朝,设官便有虎贲氏,乃王之侍从。贲与奔通,取义“勇如虎之奔走逐兽”。夏王有虎贲800人，平时守王宫，王出行则拥之前后。至汉代，有虎贲中郎将、虎贲郎等官，历代沿用，直到唐朝才被废止。因虎具天生威力，历代武将多思冠其名而借其威。所以将军之营帐，因多用虎皮以饰，故称虎帐。西汉文帝时，大将军周亚夫驻军西陲，命植柳于营地四周。他练兵有方，军纪严明，为大汉定国安邦，立下汗马功劳。其后历代将军宝帐中，常能看到对联一副，曰“柳营春试马，虎帐夜谈兵”，把将军气度、勇士情怀表现得淋漓尽致，亦能折射出猛虎于士心目中的地位。而将中之杰，称虎将。罗贯中《三国演义》中，刘备麾下五员猛将关羽、张飞、赵云、马超、黄忠，被封为“五虎大将”，简称“五虎将”。虽于正史无征，但陈寿所著《三国志》将关、张、马、黄、赵五将军列为一传，推崇有加；其后《三国志平话》中已有五虎将之提法。所以罗老前辈之演义，断非空穴来风。且因家喻户晓，成为美谈，史家则不必究其细节与出处而大煞风景也。

虎享四神之位。我国本土宗教之道教，以青龙、白虎、朱雀、玄武为天神护卫，其来源于源远流长的星神崇拜。古人将黄道(太阳和月亮经过的天区)中的恒星分为28个星座，即所谓“二十八宿”，东西南北四方各七宿。东方七宿是角、亢、氐、房、心、尾、箕；北方玄武七宿是斗、牛、女、虚、危、室、壁；西方七宿是奎、娄、胃、昴、毕、觜、参；南方朱雀七宿是井、鬼、柳、星、张、翼、轸。后又将二十八宿与四象相结合，将东方七宿想象成龙的形象，因位在东方，按阴阳五行五方配五色之说，东方青色，故称“青龙”；西方白色，

青龙

玄武

朱雀

白虎

与虎对应，故称“白虎”；南方朱色，与雀对应，故称“朱雀”；北方黑即玄色，与龟蛇对应，故称“玄武”。合称“四神”，也称“四方之神”。常被运用于军容军列，成为行军打仗的保护神。《礼记·曲礼上》曰：“行，前朱鸟（雀）而后玄武，左青龙而右白虎，招摇在上。”并将四象分别画在旌旗上，以此来表明前后左右之军阵，鼓舞士气，达到战无不胜的目的。白虎七宿共有 54 个星座，700 余颗星，共同组成白虎图案。在星空中十分醒目，尤其是昴宿星团，有星七，即七姊妹星团，给人带来很多美好的想象。

虎曾充当信物。我国古代对虎的形象十分崇拜，将其形象雕刻或铸造成兵符，称为虎符。多用青铜或黄金为料，劈为两半。其中一半交与帅，另一半由朝廷保存。只有两个虎符同时使用，才可调兵遣将。虎符最早出现于春秋时期，背面刻有铭文，专符专用，一地一符，不可用一个兵符同时调动两个地方的军队，以示郑重。调兵遣将时需要两半勘合验真，方能生效。在国家博物馆，藏有西汉堂阳侯错银铜符一枚，长 7.9 厘米，宽 2.5 厘米，虎做伏状，平头翘尾，左右颈肋间，各镌篆书两行，文字相同，曰“与堂阳侯为虎符第一”，可为实证。时至唐代，高祖之祖父名李虎，为避其讳，改用鱼符、龟符，

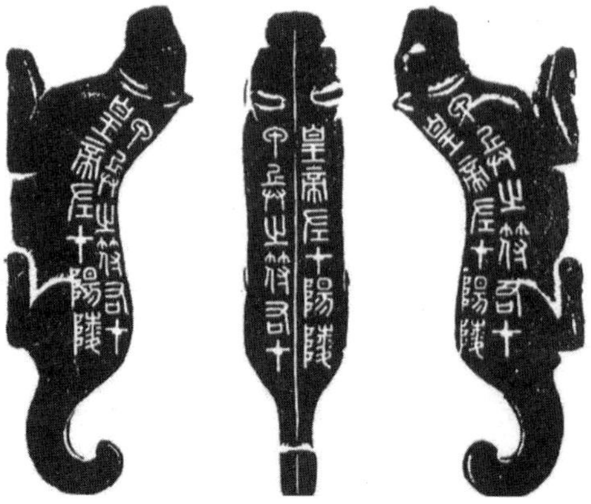

秦阳陵虎符

宋恢复之。足见生命力之强大。

画像砖上虎的形象

虎性亲近豪杰。江南古城苏州西北，有小山名虎丘，相传乃春秋时吴王夫差安息之地。葬后三日，有白虎踞于其上，不忍离去，自此得名曰“虎丘山”，简称“虎丘”。此山高仅三十余米，但古树参天，气势森然，山小景多，使人流连忘返。更有千年虎丘塔矗立山上，使其遐迩闻名。宋代名士苏东坡曾云：“到苏州不游虎丘者，乃憾事也。”因虎伴豪杰而成名胜，乃成千古佳话。

虎知随遇而安。就地理分布而言，虎以西伯利亚为原始栖息地，御寒能力极强。而为生息繁衍，足迹几乎遍布欧亚大陆，直至南亚次大陆南端，甚至跨过南海进入印尼群岛。只因大海阻止，未能现身于美洲大地；因高加索山脉和西亚大沙漠阻隔，未能进入非洲草原。白雪皑皑的极地荒野上，有它们艰难跋涉的足迹；气浪蒸腾的热带雨林中，有它们从容优雅的身影。从极寒到极热，均能从容应对，显示顽强的生命力和极高的适应力，是随遇而安、自强不息的典型。

虎有君子风度。狮虎属于同宗，血缘很近，势均力敌，高下难分。而习性不同，各有千秋，分庭抗礼，相安无事。虎习惯于占山为王，多徜徉于丘陵林海；而狮漫步于一马平川，多称霸于旷野草原。若无人为干预，野生狮虎不可能相遇相争，即有狮之地必无虎，有虎之地必无狮。自古以来好

蓝犁国画《涉江》

事者便常有“狮虎孰强”之问。考察历史，狮虎领地确曾有过重叠，但虎明显有扩张之势，咄咄逼狮；而狮却节节败退，避锋远走。在亚洲，最终仅据有印度西北一隅而称亚洲狮，在非洲据有北非草原而称非洲狮。两强遭遇，终有一伤。狮有群居习惯，且出招凶狠，必置对方于死地而后快；而虎乃独来独往，且无必战之由绝不应战，即使出战，亦以驱逐对方于领地之外为上选。颇有仁人君子攻心为上、网开一面之气度风采。狮虎孰强，岂不自明耶？

凡事皆有两面，优点突出明显者，缺点必如影随形。虎尽管有王者之尊、勇士之雄，然亦有明显缺点若干，现仅举数例，以为参证。

虎常骄傲自满。在我国，有一则家喻户晓的民间故事，名“老虎学艺”。说的是老虎一身武艺，均是拜猫为师而学得。起初虎还能虚心学习，不耻下问，猫也循循善诱，诲虎不倦，很快就教会了它纵、跳、蹿、扑等诸多技艺。而老虎却自恃技艺渐长，日见骄横，猫有所察觉，便暗暗留下一手。某日，虎在被猫师训斥之后，恼羞成怒，张牙舞爪，意在欺师，而猫不慌不忙，纵身一跃而爬上树梢。虎蹲在树下无计可施，便又央求猫把上树之法传授给它。猫则不再上当，将其逐出师门，虎因此未能学会上树本领。此故事经常被用作"满招损、谦受益"的活教材，生动有趣，流传甚广。其实，虎也能上树，只因体形硕大，动作笨拙，仅能攀上数米，且回身困难，小树也难以承受，因此，不到万不得已，此技轻易不用。

虎欠协作精神。虎个体强大，技能全面，傲视群雄，几无敌手。久之便养成了独往独来、不屑合作的习性。成年之虎，不分雌雄，皆占山为王，划定领地，踽踽而行，唯我独尊。即所谓一山不容二虎，带有明显的个虎英雄主义倾向。然特殊时期另当别论。尽管一山不容二虎，但恋爱期间，雄雌钟情中意者尚可暂时相互接纳，不然物种早将绝矣。但激情过后，则翻脸不认虎，仍各奔西东，分居别爨。以当今流行话语形容，虎乃奉行独身主义且昼伏夜出之高士，诚为城市时髦白领之前辈先驱也。

虎易被人利用。虎自恃甚高，感觉良好，在中华古代寓言中，曾有虎被狐利用，

东北虎之尊容

狐假虎威

招摇过市，为狐增威，成为笑柄之故事。据《战国策·楚策一》载，虎求百兽而食之，得狐。狐曰："子无敢食我也！天帝使我长百兽，今子食我，是逆天帝命也。子以我为不信，吾为子先行，子随我后，观百兽之见我而敢不走乎？"虎以为然，故遂与之行，兽见之皆走。虎不知畏己而走也，以为畏狐也。遂有"狐假虎威"之典。足以表明虎虽四肢发达，却难避头脑简单之嫌。

细究国人对虎之情感，堪以"爱惧交加"概括之，且惧大于爱。尽管于文化学领域，虎可避邪驱鬼，助威借力，而于生活层面，虎仍是危险符号、恐惧对象。若有可能，皆避之犹恐不及。但谈及凶恶程度，虎绝难与人类同日而语。据《礼记·檀弓下》记载，孔子过泰山侧，有妇人哭于墓者而哀。夫子式（轼）而听之。使子路问之曰："子之哭也，壹似重有忧者？"而曰："然。昔者吾舅死于虎，吾夫又死焉，今吾子又死焉。"夫子曰："何为不去也？"曰："无苛政。"夫子曰："小子识之，苛政猛于虎也。"的确，苛政对民众的伤害远胜于虎患，是不争的事实。

汉代是中华国威大张之黄金时期，活力四射，气势凌云。将军陈汤写下“犯强汉者，虽远必诛”之豪言，司马班超发出“不入虎穴,焉得虎子”之壮语,相和而成为时代的最强音。华夏子孙志在四方，为建功立业不惜置身险境，不畏马革裹尸，表现出大汉男儿的凛凛雄风，激励着无数代中华儿女投笔从戎，为国捐躯，赴汤蹈火，以护国魂。每每吟诵，皆令人热血沸腾，壮怀激烈。

人乃万物灵长，虎为百兽之王。两雄相遇，必有一争。赤手空拳，以一对一，虎强于人；而博弈智慧，以多制少，虎则无奈。古往今来，虎食人之事件不胜枚举，且越往远古追溯事例就越多。而单人徒手胜虎之事，仅于文学作品中出现数例。最为著名者无过于《水浒传》之武松打虎。仔细推敲，或许有之。因武松确有勇力，且武艺高强，又借助酒力，做殊死搏斗，而此大虫乃华南虎一族，本身属体形稍小，或许正值年少,乳臭未干,抑或是身体不适,尚未进餐,且明显轻敌，疏忽麻痹，被武松偶然得手，亦不无可能。用当今语言诠释，突发事件，特例孤证，是人类难以再现的辉煌。传入虎耳，必千个不服，万个不忿。若提出“哪位不服，可单独摆擂”，我辈必应者寥寥，豪气顿消。而或群殴，或设局，虽能制之，然胜之不武也。

皮影戏《武松打虎》剧照

华南虎伉俪

又逢虎年，使我们更加关注有关虎的话题。由于虎进入先民视野颇早，其形象已深深扎根于中华文化体系之内，汉语词汇中，有“虎虎生威”、“生龙活虎”、“英雄虎胆”、“九牛二虎之力”、“如虎添翼”、“虎啸龙吟”、“龙骧虎步”、“虎视眈眈”、“狼吞虎咽”、“虎尾春冰”、“龙盘虎踞”、“卧虎藏龙”、“为虎作伥”、“虎头蛇尾”等多个成语，另有“老虎屁股摸不得”、“山中无老虎，猴子称大王”、“画虎不成反类犬”等多个习语，亦庄亦谐，闻之常令人忍俊不禁。

在汉文化体系中，虎既为官方所接纳，也受民间之宠爱。以服装为例，明清官服缀有补服，又称补子，以图案乃补缀于前胸后背而得名。文官绣禽，以示文明；武官绣兽，以示威猛。各分九等，禽兽夹心，而不惧“衣冠禽兽”之诮。其中一品武官补服为麒麟，四品为虎，六品为彪（小虎），居然占有二席之地；文学领域，以虎为题材的诗文俯拾即是，难以尽览；在艺术领域，画虎之作历代多有，琳琅满目；在民间层面，无论是借以安眠之虎头枕，还是儿童喜穿之虎头鞋，另有以虎为题材的年画、民谣等，虎文化符号随处可见，影响深远。在姓名领域，汉姓中有虎姓，出自上古舜臣“八元”之一的伯虎之后人，以虎为氏，为中华最古老的姓氏之一。以虎为名者历代多有，尤其是乳名，男孩之虎娃、虎崽，女孩之虎妞、虎妮，车载斗量，不胜枚举。

我国少数民族中，世居东北地区的赫哲族、鄂伦春族、达斡尔族同胞也都有崇虎习俗。赫哲族民间传说中，将族人定位为本族女子与老虎婚配所生，因而将虎奉若神明；哈尼族、纳西族、土家族、景颇族和彝族等西南少数民族，文化体系内至今仍保留着虎崇拜的印记。尤其是彝族，不但以虎自命，其十二兽历法也以虎为首，并视自己为虎族，体现出虎文化对中华民族文化体系的深远影响。而将虎列入影响深远的十二生肖，更是虎作为文化符号在中华传统文化体系中突出地位的具体体现。

老虎枕

我中华理念讲求大小相间、刚柔相济、强弱组合、阴阳互补，十二生肖排列之两两相对，六道轮回，便能生动体现这种期望和要求。第一组鼠和牛，鼠代表智慧，牛代表勤奋。第二组虎和兔，虎代表勇猛，兔代表谨慎。第三组龙和蛇，龙代表威猛，蛇代表柔韧。第四组马和羊，马代表刚强，羊代表和顺。第五组猴和鸡，猴代表灵活，鸡代表恒定。最后一组狗和猪，狗代表忠诚，猪代表随和。只有拥有以上全部美德，才可获得内心深处的平和与宁静。而虎居前列，且代表勇武，足以说明虎在先民心目中的崇高地位。而《易经》乃中华群经之首，在其《乾卦·文言》中，有“同声相应，同气相求。水流湿，火就燥，云从龙，风从虎，圣人作而万物睹”之句，在这里，虎与龙和圣人并驾齐驱，难分伯仲。考虑到圣人的万人膜拜的高大形象和作为人造动物之龙的无所不能的形象，不难体味出虎在中华文化体系中所拥有的显赫地位。

时过境迁，今非昔比。随着科学技术的长足进步，人类依靠密切协作、无穷智慧与高精武器，早已将昔日靠个体蛮力而称雄的虎辈推下神坛，其高踞于地球食物链最高端的地位已被人类无情取代。我辈当今的确是顾盼自

孪生白虎娃

雄，所向披靡，心想事成，不可一世。而野生虎已难觅踪迹，岌岌可危，成凤毛麟角，朝不保夕，竟沦为被保护动物，成为只能靠人类恩赐才得以苟延残喘、不致灭绝的弱者。而被囚禁于苑囿铁笼中的虎辈后裔们，回首往昔辉煌，想想当今处境，迷离的目光中流露出无奈，慵懒的身躯折射着空虚，总给人以英雄末路、跌落平阳之慨叹。究其原因，是人类只顾自强不息，不解厚德载物之必然后果。长此以往，终将友朋尽失，难免形影相吊。届时，仅剩两足直立、无毛解语一族于地球孤独游荡，面面相觑，何其丧气扫兴，寡趣无聊也。望诸君慎思！

泥虎

以生态学角度而论，野生虎种群数量可反映出生态系统是否平衡与健全，作为生态系统中十分重要的一环，其存在代表一个演化成熟的生态社会是否完整。这个生态社会是大自然历经千百万年才得以孕育而成的精心杰作，而一个完备的生态系统对于人类的生存具有十分重要的意义。倘若人口以近百年之趋势无限骤增，在未来的某年某日，生态系统终将彻底崩溃而无法修复。到那时再试图恢复原状，则为时已晚。所以，我们必须清醒地认识到，适可而止，网开一面，不仅是虎辈亦懂得之宽仁，更是人类应遵循之达道。保护老虎，敬畏自然，也就是保护人类自身。

虎年说虎，更要爱虎护虎。学其长处，戒己过失，多些龙腾虎跃、英雄虎胆、虎虎生威，少些虎头蛇尾、画虎类犬、为虎作伥，争取做到如虎添翼、虎啸龙吟，与时偕行，更进一步！

二虎相斗

兔年说兔

金虎携寒去，玉兔送春来。兔年将至，有关兔子的趣闻典故理所当然地成为国人兴致盎然的话题。现稍稍予以展示，献给广大读者，以作兔年春节贺礼。

按生物学分类，兔属哺乳纲、兔形目、兔科，分野兔与家兔两大宗，后者乃由前者驯化而成。野兔最早出现于距今约6000万年前，经原兔、始祖兔等阶段，约300万年进化成当今形态。目前，兔科拥有9类约50种。我国有草兔、东北兔、东北黑兔、华南兔、灰尾兔、云南兔、塔里木兔、海南兔、雪兔等9种。其中分布最广者为草兔，亦称蒙古兔。其身长一般在10至50厘米。其特征是上唇纵裂，耳大且长，其尾短呈簇状，其毛浓密粗硬，有白、灰、棕、黑诸颜色。其前肢明显短于后肢，适于跳跃。其足迹遍布几乎所有陆地，多居于开阔的

生肖邮票——兔

多草地带，亦可栖息林中，以青草、野菜、嫩叶为食。

回顾历史，兔虽未入六畜之列，但进入先民视野颇早。稽考文献，殷商甲骨文中，已出现“兔”字，属象形，长耳短尾之态也。《诗·召南·兔罝》有“肃肃兔罝，施于中林”之语，《礼记·曲礼下》有“凡祭宗庙之礼……兔曰明视”之句。足以说明人兔相识相知已有数千年之久。其性情温和，体态乖巧，动作轻盈，反应机敏。莽莽原野上，常见其可人身姿；静静小池边，时现其优雅倩影。它是善良的代表，是美好的象征。随着时光的推移，逐渐衍化为一个文化符号，内涵丰富，品位甚高。

兔乃善良象征。作为体形弱小的草食性动物，其禀性机敏驯良，乖巧可爱，因而不会对人类构成任何威胁。古人与之相处，安全感倍增。儿歌中有一首《小白兔》，曰：“小白兔，白又白，两只耳朵竖起来，爱吃萝卜爱吃菜，蹦蹦跳跳真可爱。”相信国人皆耳熟能详。不知创作于何时，但口传心授，不胫而走，不时唤起儿时的美好记忆。在鼓励装

泥塑——兔爷

嫩卖萌的当今时日，此旋律更加振幅强劲、经久不衰也。

嫦娥与玉兔

兔具显赫身份。在民间艺术领域,兔得“兔儿爷”之号，其形象为身着大将军行头的蓄须威严之长者，威风凛凛地骑坐于老虎背上，既符合“卯兔总伴寅虎来”之时令，且深含“弱可戏强”的童话精髓，可谓匠心独具，生动诙谐，所以深受儿童喜爱。

兔曾陪伴佳人。据《淮南子览·冥训》，羿请不死之药于西王母，嫦娥窃之，吞不死药以升天。然不忍离羿而去，滞留月宫。广寒寂寥，怅然有丧，无以继之，遂催吴刚伐桂，玉兔捣药，欲配飞升之药，重回人间焉。嫦娥乃我国古代神话中资深美女，猪八戒为一句戏言而被逐出天界，下凡而投猪胎，代价惨痛却仍津津乐道，难以忘怀，可见魅力之巨。而玉兔则可长相伴随，见拥入怀，可谓福祚不浅也。兔由此亦成月亮代称，价值提升幅度令人称美。

兔知呵护家园。俗语云:“兔子不吃窝边草。”其意旨丰富，蕴含深广。表层意旨是兔子懂得留存窝旁之草，有保护自身资源的意识。此外也具有“早晚属于自己”之自信与坦然。而其引申义是“与邻为善”。反观人类往往习惯并热衷于靠山吃山，靠水吃水，境界甚至连兔子都不如。此俗语意在告

齐白石国画《双兔并食》

诫人们不要在家门口做不应该做之事。即使坏人，也轻易不在当地干坏事，也表明古人心目中兔大有过人之处。

兔有忧患意识。有成语“狡兔三窟”，典出《战国策·冯谖客孟尝君》。冯谖劝孟尝君曰：“狡兔三窟，仅得免其死耳。今有一窟，未得高枕而卧也。”乃以兔亦懂得准备好几个藏身之地，劝说孟尝君要多准备几条退路和消除灾祸的方法。的确，兔子以自身之弱小，存身之法只能局限于防御。而自恃强大者却因高估自身实力而时常不考虑退路，一旦大难突降，临渴掘井却为时已晚。兔深解“以退为进，以弱胜强”之道，乃智且慧者之典型。

凡事皆有两面，兔虽优点多多，但也小有瑕疵。现仅举两例，望兔爷姑且竖起大耳以听之。

兔常骄傲自满。兔之长项为能蹦善跑，动作协调，轻盈矫健，一般另类难以超越，久之便麻痹大意，顾盼自雄，却为此而痛失桂冠。有一则寓言故事，名《龟兔赛跑》。讲的是兔子和乌龟曾比赛长跑，源于兔子屡次嘲笑乌龟爬得太慢，终于激怒乌龟，要求与兔子一较高低。比赛开始后，兔子健步如飞，很快便不见乌龟那笨拙的身影。便放松警惕，思先小睡片刻，等乌龟追上来，甚至先让其超过一段再发力不迟。而乌龟自知体笨步缓，只能拼命向前，保持节奏，巧用体能，发挥耐力优势，一刻不停。兔子醒来，乌龟已接近终点，再奋起直追，然为时已晚。乌龟得胜，兔子失败。此寓言常被用作对聪明者的儆戒和鲁钝者之激励，帮人确立一种信念，即在竞争中，踏实坚韧者往往能战胜轻敌浮躁者。

兔少从容淡定。兔生来体形弱小，先天不足，久之便被造化出落成耳大胆小、终日惴惴之物。据《韩非子·五蠹》载："宋人有耕田者。田中有株，兔走触株，折颈而死。因释其耒而守株，冀复得兔。兔不可复得，而身为宋国笑。"遂有"守株待兔"之典。诚然，宋国农民看见一只兔子撞树而死，便放下锄头在树根旁等待，希望再得到撞死的兔子，想法幼稚，做法愚蠢，但造成此事之根源却是兔望风而逃、慌不择路使然。

在现实世界，兔确为温良恭俭之辈，且周身是宝，对人类有大益焉。兔肉可食，无论家兔肉还是野兔肉，均属高蛋白质、低脂肪、少胆固醇之上等肉类，尤其是蛋白质含量明显高于其他肉类，而脂肪和胆固醇含量却低于所有肉类，故得"荤中之素"之美誉。秋冬之季则味道更佳，是老少咸宜的最为理想、健康之美味。

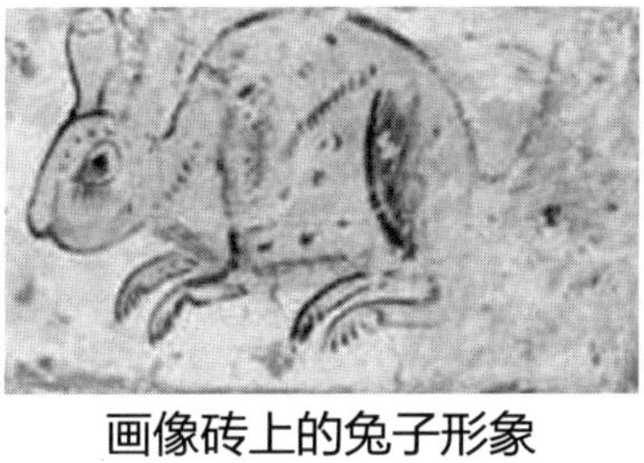
画像砖上的兔子形象

兔绒与兔毛乃纺织业重要原料，兔皮可制革，经加工便可成质地柔和的衣、帽、手套等，为人类保暖御寒，物美价廉，感觉

野兔拳击赛

舒适，取之不尽，用之不竭。

在我国，兔毫（硬毛）还有一个重要用途，便是制笔。笔古代曾专指毛笔，乃文房四宝之首，是文人墨客不可须臾或缺之物。笔毫硬则挺，挺则有弹性，有弹性才适于转笔。故而笔毫乃决定笔质之关键。先秦至汉，笔毫皆为兔毫，即秋季兔脊上两列硬毛,亦称紫毫。而产于安徽宣城之“中山兔毫笔”，史上曾名噪一时，汉代时诸郡纷纷献上等兔毫以供宫廷之用。至今兔毫仍为笔毫主流材料，与羊毫（白毫）按比例搭配制成各种硬度之毛笔，诚丹青雅士之挚友也。

兔抗病力强，对环境适应性好，繁殖力强，耐粗饲料，养殖成本低，且对人类生存环境不会造成危害，所以适于养殖，经济效益良好。因其体毛洁净，双耳厚广，皮肤柔软，血管清晰，便于取血和注射，是一种常用的医疗实验动物。兔以其生生不息，前赴后继，为人类的医学发展做出了重要贡献。

因兔与人类关系密切，所以于文化领域中经常有其现身。以汉字而论，古人先以象形造出“兔”字，而后又以会意造出“逸”、“冤”，以形声造出“菟”、“堍”等。在成语中，与兔有关者为数不少，诸如“兔死狐悲”、“兔死狗烹”、“兔走乌飞”、“静若处子，动如脱兔”，加上前举之“守株待兔”、“狡兔三窟”等，不一而足。而歇后语中的“兔子的尾巴——长不了”，俗语之“兔子急了也咬人”、“比兔子胆儿还小”等等，更是形象生动，幽默诙谐。在诗歌领域，除已提及之《小白兔》外，最为著名者当属北朝叙事诗《木兰辞》中“雄兔脚扑朔，雌兔眼迷离；双兔傍地走，安能辨我是雄雌”之结语。唐代大文豪韩愈曾专撰美文一篇，名《毛颖传》，曰：“毛颖者，中山人也。其先明视，佐禹治东方土，养万物有功，因封于卯地，死为十二神。”为兔取雅号为毛颖，并赋予其毛笔祖先之地位。寓意深刻，千古流传。

在民俗层面，兔之影响深远，俯拾即是。因形象美好，所以一直被视为瑞兽。古人认为“赤兔大瑞，白兔中瑞”，并相信适逢兔年或肖兔者有步步登高之运。且一直盼望着赤兔降临，以昭大瑞。然赤毛之兔于中国未曾见获，只好冠其名于骏马，以显其崇。三国时英雄吕布之坐骑即名赤兔，并有“人中吕布，马中赤兔”之说，足见其于古人心目中之地位。另一方面，因兔上唇中裂，故我国民俗中，长久以来有孕妇不可食兔肉之忌，以免生子有兔唇之忧，表现出先人盼望后代安康完美之善良愿望。

兔娃洗脸

尽管兔与人不离不弃，相伴千年，但至今仍

保留着原有个性，随时准备回归自然。家兔放归野外，不需野化即掘穴而居，寻觅而食，人类之精心呵护实乃多余之劳也。而或由此因，六畜席位被马、牛、羊、鸡、犬、豕所占据，兔竟屈居编外，未免有些委屈。但十二生肖中，兔得之一席，对之于卯，位居第四。关于排位，牛前而兔后，亦有牛兔赛跑，以定座次之说，结果兔因麻痹而被牛胜出，屈居其后，与“龟兔赛跑”故事异曲同工。对兔而言，可聊作安慰矣。

又逢兔年，使我们更加关注我们身边的老友。新春伊始，让我们敏而好学，动如脱兔，以龟之恒心，兔之矫健，看准目标，勇往直前，珍爱环境，呵护家园，百尺竿头，更进一步！

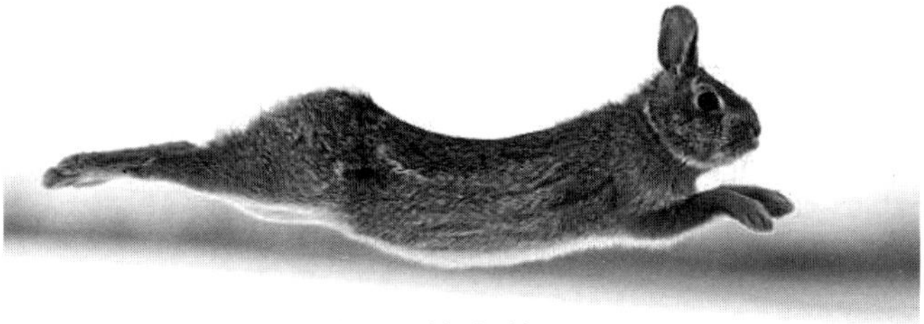

勇往直前

龙年说龙

玉兔欢腾归月殿，金龙劲舞返神州。此时此刻，作为炎黄子孙，龙的传人，不禁心潮澎湃，感慨万千，特献小文，以输诚悃。

众所周知，龙聚天地之灵，集造化之精；成形远古，栖身水中。旋则现身原野，驰骋纵横；威震百兽，傲视群雄。继而腾云驾雾，遨游太空；时蔽日月，唤雨呼风。无所不在，无所不能；苍生膜拜，万类尊崇。

十二生肖中，龙是唯一不见于凡间之物，故而神秘而诡奇。其身有“九似”，即“角似鹿，头似驼，眼似兔，项似蛇，腹似蜃，鳞似鲤，爪似鹰，掌似虎，耳似牛”，足见其由多种动物组合而成。而就其身材形体而论，必脱胎且升华于蛇也。殷商甲骨文中，“龙”字便基于“蛇”字而成，乃蛇兽同身之状，且头上多出一

生肖邮票——龙

点，当为龙头上所生之角。直至当今，民间对生肖为龙者，也常表述为属大龙，为蛇则称属小龙，足见二者关系之密切，渊源之深厚。而其形成过程及缘由，复杂而深奥，现拟就宗教、政治、文化三个层面分述之。

玉猪龙

龙乃图腾组合。图腾 (Totem) 出自美洲印第安语，意为“他的亲族”。词根“otem”表示出自同一个母亲，并表明禁止兄弟姊妹血缘通婚的关系。后经英国商人推介，渐为世人所认知，又派生出“图腾崇拜”，成为学界通用术语。先贤严复最先将其译为“图腾”，并引入国内。其有云：“图腾者，蛮夷之徽帜，用以自别其众于余众也。”图腾无疑是原始宗教崇拜之产物。追溯中国古史传说时代，自伏羲太昊氏起，便以龙为图腾。然严格而论，图腾一般为某现实存在之物。而龙自出现之日起，便是数种动物之融汇，保留着各部族强强撞击、相互妥协之痕迹，也反映出中华文化交融汇聚，多元一体之属性。所以，“龙图腾”属于图腾之组合与升华。后历炎帝神农氏、黄帝轩辕氏、少昊金天氏、颛顼高阳氏、帝喾高辛氏、帝尧陶唐氏、帝舜有虞氏，对龙的原始宗教崇拜，绵延数千载而不衰。秦始皇一统华夏，得“祖龙”之谓。直至传统时代殿军之清帝国，选用黄龙旗为国旗，可谓传承有序，一以贯之。

龙居四灵之首。儒家经典《礼记·礼运》有云:“麟、凤、龟、龙,谓之四灵。”麟为百兽之长,凤为百禽之长,龟为百介之长,龙为百鳞之长。除龟外，其他三灵皆不得见于世间，可证先人想象力之丰富。四灵另有一说,即苍龙、白虎、朱雀与玄武。玄武为龟蛇同体、交会组合之神物。四灵可用于表明方位。《礼记·曲礼》曰:“行。前朱鸟（雀）而后玄武,左青龙而右白虎,招摇在上。”道教兴起后，将青龙、白虎、朱雀、玄武纳入其神系，作为护卫之神，封青龙为“孟章神君”，以表神圣，以壮威仪。四灵又分别代表四方的二十八星宿，龙是东方的七宿——角、亢、氐、房、心、尾、箕，而这七宿的形状又极似龙形。四灵又依次主理春、夏、秋、冬，兼配五行，构成了一个繁杂而丰富的民间信仰体系。

观音与小龙女

龙女侍奉观音。观音菩萨身后，恭立着二位仙童。男称善财，女名龙女。龙女为东海龙王千金，被视为掌上明珠。然水晶宫虽好，却难免寂寞。一年，小龙女被凡间元宵节满街花灯所吸引，在“随父前往”之要求被老龙王拒绝后，竟偷偷溜出龙宫，登上海岸，化身为渔家少女，来到临海小镇。

灯会开始，花灯满街，五颜六色，造型各异，五彩缤纷。观者如潮，人山人海，气氛热烈，喧闹非常。龙女平生第一次得见此景，不禁笑逐颜开，流连忘返。忽然，一杯凉茶自阁楼泼下，不偏不倚正浇在龙女头上。龙女不禁大惊失色，因龙幻化成人形，最为怕水，遇水则难保人形而变为水族。龙女思及若变为龙，则难免惊吓民众，甚至带来水灾。于是立刻挤出人群向大海奔去。刚刚跑到岸边，便支持不住，变成五尺之鱼，横卧沙滩。渔民得之，叫卖于市。上述一切，观音菩萨看得一清二楚，不禁发慈悲之心。即遣善财童子相救，将龙女送回龙宫。再说东海龙宫，龙女一走，人仰马翻，虾兵蟹将齐出动，东海沸腾浪滔天。龙女归来，如实禀告。老龙王听说观音菩萨已知龙女下界一事，恐透露给玉帝，招来惩罚，于是将龙女逐出水晶宫。龙女走投无路，边走边哭。观音菩萨将龙女接上普陀山并收之为徒，后来，老龙王回心转意，想接她回去，龙女不肯，而情愿与观音长伴。民间信仰与佛教的完美对接直至相互融汇，于此可见一斑。

龙属帝王专利。龙原本是我中华先民崇拜对象，但随着专制程度的不断加深，君权之日益膨胀，帝王之家凭借政治优势，绞尽脑汁，试图将龙据为己有。《吕氏春秋》中，便有将晋文公“喻之为龙”的记载；其后方有将秦始皇称为“祖龙”

龙袍

之说。秦汉以后，龙已定型为帝王化身，皇室专利。皇帝为“真龙天子”，出生曰“真龙天降”，驾崩称“龙御上宾”；所居者龙庭，卧者龙床，坐者龙椅，穿者龙袍；龙兄龙弟，龙子龙孙，自命不凡，高居人上。然一经改朝换代，天崩地解，则成失水枯鱼，性命难保。实乃物极必反之例证也。

玉雕——青龙

龙可代表英雄。尽管帝王一直有将龙据为己有之意，但帝力有所不逮，民心不可睽违。龙之形象几乎活跃于各个层面和领域，具有强大的生命力与感召力。中华民族对英雄之膜拜与尊崇，一直贯穿于漫长的历史长河之中。而龙无疑是理想中英雄之典型。《三国演义·青梅煮酒论英雄》，几乎无人不晓。篇中曹操之语十分经典：“龙能大能小，能升能隐；大则兴云吐雾，小则隐介藏形；升则飞腾于宇宙之间，隐则潜伏于波涛之内。方今春深，龙乘时变化，犹人得志而纵横四海。龙之为物，可比世之英雄。夫英雄者，胸怀大志，腹有良谋，有包藏宇宙之机，吞吐天地之志者也！”千古名相诸葛亮未出山时，便有“卧龙”之号。蜀汉五虎将之一常山赵云，取字子龙。的确，一个崇拜英雄的民族，必然会英雄辈出，时而闪现。另据《晋书·羊祜传》，三国时，吴王孙皓天纪年间，有童谣谓：“阿童复阿童，衔刀浮渡江，不畏岸上虎，但畏水中龙。”“水中龙”是指名将王濬，小名阿龙。晋咸宁五年（公元 279 年）任龙骧将军，率水师伐吴，所向披靡，攻克石头城（今南京），吴王孙皓降。江山一统大业

北海公园九龙壁

终于实现。唐刘禹锡《西塞山怀古》有“王濬楼船下益州，金陵王气黯然收。千寻铁锁沉江底，一片降帆出石头”之句，以称颂之。而民间素有将杰出人物赞誉为龙之传统，且龙庭常在，有德者居之。有志有待者乘势而兴，夺得龙位，江山易主，不绝于书。科举领域，素将金榜题名形容为“鲤鱼跳龙门”，表明不但成龙有路，且此路畅通。

龙是正义化身。与西方文化体系中作为邪恶化身之龙大相径庭，炎黄子孙赋予龙诸多美好善良之心性。民间有“二月二，龙抬头”之说，这是一个凄美的故事。故事主人公小白龙，曾因行雨救民，得罪玉帝，被贬到凡间受苦，变成白马一匹，驮着唐僧上西天取经，经历了重重磨难，终得正果。但又因武则天篡位，玉帝大怒，命太白金星传谕四海龙王，三年不准降雨人间，因而苦煞天下百姓，连年大旱，禾苗枯萎，大地龟裂，处处白烟。小白龙看在眼里，急在心上，竟不顾玉帝圣旨，积云兴风，降下倾盆大雨，旱象解除，苍生获救，皆大欢喜。为怀念小白龙的恩德，民间将夏历二月二定为春龙节，焚香祷告，祈求来年风调雨顺，五谷丰登。而传统的春节，也于此日正式结束。

龙为文化本源。《易》乃群经之首，大道之源。而《易》之源，则可追溯至龙书。相传伏羲氏作八卦，因于龙负图出河，伏羲因以龙纪事，创立文字，称龙书。后文王被商纣拘于羑里而演周易，而《易》中，主卦为乾、坤二卦。乾卦之中，《易·乾·爻辞》则按六爻之顺序，揭示了事物包括人生成长的普遍规律，以龙成长于水中为喻，对一步步成长为遨游天地之成功者的六个人生阶段予以提炼与总结，堪称神来之笔。如初九：潜龙，勿用。是在讲人生初期，如同幼龙生长于水，主要任务是学习、成长，而不需亦不能用事，象征着一个人的学习阶段。九二：见龙在田，利见大人。是指龙之羽翼初丰，崭露头角，可露出水面，登上陆地，适当做些小事以积累经验，象征着人生的实习阶段。九三：君子终日乾乾，夕惕若，厉无咎。指阅历经验均已具备，应兢兢业业，努力进取，象征着人生的创业阶段。九四：或跃在渊，无咎。则指人生已达到德才兼备，游刃有余，进入一种得心应手之境，以巨龙纵横驰骋于深水为喻，象征着人生进入成功阶段。九五：飞龙在天，利见大人。以龙腾出

殿脊上的雕龙

木雕龙

江河，飞离陆地，遨游九天之自由境界为喻，象征着人生追求与成就已到极致。上九：亢龙有悔。则揭示出物极必反，盛极而衰的铁律，既有对成功者“高处不胜寒，越处顺境，越应谨慎”之训诫，亦暗含着“图功易成功难，成功易守功难，守功易终功难”的深刻哲理。乾卦乃强者之卦，鼓励人生追求应似上天之德，“天行健，君子以自强不息”，不甘沦落者，不可不察也。另一方面，这也是对人生阶段性任务清晰明确之规定，表明事物包括人之成长必须循序渐进，不可为所欲为。无论是外力外援之揠苗助长，还是自力自营之未学爬而思腾越，皆会导致欲速不达，德不胜威，损人害己，凶咎必至。《易·坤·爻辞》，则是对处于从属地位者成长阶段之归纳、提炼与诠释。而最后阶段之上六，则有“战龙于野，其血玄黄”之句。意为阴盛之极，从属者转变为主导者，难度很大，代价亦大，要有充分的心理与应变准备。考虑到除最高统治者之外，任何人均不可避免于从属者之地位，所以对坤卦爻辞之研习、领悟与尊奉，是人生成长过程中不可或缺的内容。坤卦旨在教诲人应仿效“地势坤，君子以厚德载物”，这不仅是立身之本、护身之符，也是自强不息之起点与依托，不然，成功之追求便会成空中楼阁，可于瞬间便轰然坠地，毁于一旦。

龙曾威吓俗子。据汉刘向《新序·杂事五》，叶公子高好龙，钩以写龙，凿以写龙，屋室雕文以写龙。于是天龙闻而下之，窥头于牖，施尾于堂。叶公见之，弃而还走，失其魂魄，五色无主。是叶公非好龙也，好夫似龙而非龙者也。于是有“叶公好龙”之典。借以讥讽“宣称喜爱某物，故作姿态，以欺世人，实则并非如此”的虚伪之辈，尤其是在人才选择方面，最为贴切而传神。

叶公好龙

龙子龙孙众多。龙生九子，个个不同。据明人李东阳《怀麓堂集》载，龙生九子不成龙，各有所好。长曰囚牛，平生好音乐，今胡琴头上刻兽是也；次曰睚眦，平生好杀，今刀柄上龙吞口是也；三曰嘲风，平生好险，今殿角走兽是也；四曰蒲牢，平生好鸣，今钟上兽钮是也；五曰狻猊，平生好坐，今佛座狮子是也；六曰赑屃，平生好负重，今碑座兽是也；七曰狴犴，平生好讼，今狱门上狮子头是也；八曰负屃，平生好文，今碑两旁文龙是也；九曰鸱吻，平生好吞，今殿脊兽头是也。不过民间传说中之龙子远不止上述九位，貔貅、饕餮等亦在其中。其实所谓龙生九子，九乃虚指，以示数量之多；又是阳极之贵数，以示地位尊崇。其所折射出的文化理念，一是我中华先人对子孙众多的期盼；二是体现出对变异性的破解，以及对后天习得性的肯定。

龙与我炎黄子孙，不离不弃，相伴相依，崇龙爱龙情结已深入骨髓，融入血液。文学作品中，龙之踪迹俯拾即是，不胜枚举。据唐传奇《柳毅传》，书生柳毅应举下第，途经泾阳，适邂逅洞庭龙女，饱受其夫泾阳君及公婆虐待而牧羊。柳毅受龙女之托奔赴洞庭龙宫传书，龙女得以被营救回归洞庭。龙女深感柳毅恩情而以身相许，柳毅却严辞拒绝。后龙女变幻容貌，假称卢氏女，终与柳毅成为眷属。故事情节曲折，人物性格鲜明，铺叙细腻，文辞华美，令人一读三叹。品明清四大古典小说，《红楼梦》中，有“东海缺少白玉床，龙王请来金陵王”之句，以形容四大家族中王家之富贵；《西游记》中，孙悟空将东海龙王定海神针化为兵器，对齐天大圣之声威，有大助焉；《水浒传》所刻画之英雄豪杰，以龙为绰号者计九纹龙史进、入云龙公孙胜、混江龙李俊、出林龙邹渊、独角龙邹润等，表现出梁山好汉藐视权贵、替天行道之凛

舞龙

凛正气；加之前引《三国演义》中曹操龙喻英雄之高论，令读者过目难忘，萦绕于怀。书法领域，唐韩偓曾赞怀素之草书曰：“若教临水畔，字字恐成龙。”令后人拍案叫绝。绘画领域，有“画龙点睛”之典，出自唐张彦远《历代名画记·张僧繇传》。僧繇于金陵安乐寺，画四龙于壁，不点睛。每曰：“点之即飞去。”人以为诞，因点其一。须臾，雷电破壁，一龙乘云上天，未点睛者皆在。堪称传神之笔。戏曲领域，有《锁五龙》、《游龙戏凤》、《困龙床》、《双龙会》、《龙虎斗》、《龙凤呈祥》、《打龙袍》等，剧情家喻户晓，戏迷耳熟能详。

画龙点睛

民间层面，龙的影响更是横亘海天，无出其右。以龙为姓，其源有七，分布甚广，人丁众多；以龙为名者，车载斗量，于兹不具；数千年间，龙王庙遍布神州，不可胜计；地名中之龙门、龙井、双龙寨、卧龙岗等；动物中之地龙、变色龙等；植物中之龙眼、龙胆、龙葵、龙船花、龙舌兰、龙脑树、龙角木、龙血树、龙头竹、龙爪槐、龙爪葱等，更是不可胜计。另，乡间庙会舞龙灯，江南水乡之赛龙舟，皆源远流长，规模宏大，参与广泛，影响深远。中国龙文化魅力之巨，可见一斑。

当然，事物皆有两面。产生于传统时代的龙文化，多有与现代社会之进步理念格格不入之处，需要我们不断润正、充实、升华与完善。但龙所代表的凝聚力、包容力、亲和力、感召力、想象力、繁衍力、创造力、生命力、应变力，无疑是民族精神之结晶、民族灵魂之所系、民族自豪之源泉，具有永恒价值，值得我们世世代代珍惜、持护与传承，鼓舞、鞭策其传人尊崇神圣，渴求完美，向往卓越，实现理想，步入崇高！

龙年说龙，遐思无穷；春回大地，苍龙腾空。祝愿伟大祖国、亿万同胞于壬辰龙年龙凤呈祥，虎啸龙吟；刚健神武，气势凌云；见龙在田，天下文明；终日乾乾，与时偕行！

神龙长啸

蛇年说蛇

玉龙劲舞，冬雪留痕；金蟒蜿蜒，春光莅临。癸巳年至，恭迎蛇神；洗尘接风，特献此文。

蛇者，吾人类之旧相识也。其大者曰蟒，小者曰虺，属爬行纲、有鳞目、蛇亚目，差异巨大，种类繁多。当今存世者约有2500至3000种，其中毒蛇约650种。在我国，所居蛇类有200余种，其中毒蛇约40种，可分为卵生与卵胎生等两大类。其四肢退化，表覆细鳞；头部椭圆，身形似绳。尽管寒暑不惧，冷暖皆宜，然究其大宗，则分布于热带和亚热带地区，以树栖、穴居为主。因与先民交错杂居，过从甚密，故而对其印象深刻，难舍难分。十二生肖蛇占一席，即可表明其突出地位。随着时间推移，逐渐形成了独特的蛇文化系列，内涵丰富，影响深远。

生肖邮票——蛇

蛇为资深前辈。作为爬行类典型

画像砖上的蛇

代表，5亿年前首批横行地球的陆生动物中，就有蛇之先祖；而万年后，其苗裔仍活跃于地北天南、陆城水域。饱经沧桑，历尽磨难，令我等晚辈后生心悦诚服，肃然起敬。

蛇性自强不息。蛇以其冷血脊椎动物之强大适应性与超强繁殖力，挑战着生存极限，创造着生命奇迹。干燥的沙漠中，不难发现其匍匐疾进之行迹；奇寒的冰雪下，隐隐可见其团缩蛰居的身影。水中漫游，无鳍而进；陆上疾走，无足而行。无爪锋之利而震慑百兽，无足趾之强而踏遍青山。穿越今古，生生不息，真自信自强之典范也。

蛇善伺机进攻。蛇以肉食为主，长于乔装，善于突袭，取食对象包括各种动物。且武器强大，多技并用。或缠绕，或噬咬，或施毒，或吞食，且越是外表华丽之蛇，其唾液毒性越强。令猎物防不胜防，不寒而栗。

蛇有千差万别。同样称蛇，却大小不一，五花八门。世界上最大的蛇是蟒蛇，身长可达10米，重70公斤以上；最小的蛇是盲蛇，成年蛇仅与大蚯蚓相仿，体重只有数克。毒蛇中以眼镜王蛇与蝮蛇最为凶残，令人谈之色变；而无毒者对人毫无威胁，可与人和谐相处。蛇之分化，可视为生物多样性的真实写照与绝佳诠释。

蛇乃华夏图腾。对先民而言，蛇无处不在，无所不能，古人崇其顽强，惧其凶恶，羡其繁衍，久之便心生敬畏，崇拜有加。据诸多古典文献记载，辅之以出土文物为佐证，足以认定我华夏文化史上，居于显赫地位的伏羲与女娲的本始形象，乃人首蛇身。换言之，伏羲、女娲形象是中国上古时代蛇崇拜之变形。事实上，蛇是形成于海岱区域的东夷部族之图腾，其所具有的顽强生命力与旺盛生殖力，是永恒生命之象征。伏羲、女娲神话便是崇蛇意识的浓缩与升华。这种蛇崇拜复经多次磨合与融汇，最终形成我中华图腾——龙，而龙乃蛇身，蛇无疑是龙的主要原型，足以表明蛇在国人心目中的重要地位。《史记·外戚世家》有云："蛇化为龙，不变其文；家化为国，不变其姓。"则可印证古人龙蛇一体之观念。

徐悲鸿国画《蛇》

蛇助文化演进。蛇的形象在绘画和工艺品中常常出现，体现着人蛇之间不可分割的紧密关系、人对蛇的认

画蛇添足

识与情感及其对文化的影响。在人类早期岩画中，蛇的形象便赫然在目，西汉帛画中已有蛇神巳蛇之尊容。而“画蛇添足”之寓言，更可表明蛇乃画家重要创作题材之一。不过，在古代绘画中，蛇一般不是绘画的主题，可能与蛇自身形象既不高大，亦欠丰满有关，画家因此有其难以占据画面中心之考量也。蛇在文学领域中亦不乏身影。以蛇为题材的文学作品出现甚早，不可胜计。如《诗经·小雅·斯干》中“维虺维蛇，女子之祥”之句；屈原《楚辞·天问》中，曾有“一蛇吞象，厥大何如”之语；晋人傅玄曾撰《灵蛇铭》，乃咏蛇之佳品。成语中之“牛鬼蛇神”，原本佛教语，后用来比喻形形色色之异类；“虎头蛇尾”，比喻做事有始无终；“打草惊蛇”，比喻因行动草率，反使对方有所戒备；“杯弓蛇影”，讽刺疑神疑鬼之庸人；加之前述“画蛇添足”，比喻做多余之事，非但无益，反而受损；“笔走龙蛇”，则用于形容书家笔法之酣畅，造诣之精深。据不完全统计，与蛇相关之成语不下70个，可谓琳琅满目，言浅意深。在我国，作为民间艺术形式的剪纸，蛇是最常见的题材之一。而剪纸生肖蛇，造型朴拙，色彩鲜艳，是每逢蛇年到来之际最受欢迎的窗花，为国人最隆重的传统节日增添了喜庆吉祥气氛。戏曲领域，《白蛇传》可谓家喻户晓。主人公白蛇及侍女小青，皆蛇之化身，却美丽善良，表现出国人对无毒蛇类之接纳与认可；而来自西方文化体系之《圣经》中，蛇却是引诱人类始祖犯罪之邪恶化身，是对毒蛇害人现实之概括与提炼。蛇集善恶于一身，而对其特性之不同认知与取舍，反映出东西方文化不同的价值取向，正所谓"横看成岭侧成峰，远近高低各不同"是也。

蛇富实用价值。以蛇为药，为时已有数千年之久。《神农本草经》已有记载，李时珍《本草纲目》中，更有"蝮蛇能治半身枯死、手足脏腑间重疾"之论断。蛇胆明目，蛇肉可食，蛇皮制鼓，可谓周身是宝。随着现代医学和药学水平的提高，蛇毒之功用更加明晰而确切，蛇之药用价值大为提高，且必将大获进展。

昆曲《白蛇传》剧照

又逢蛇年，使我们再次将目光集中到与蛇相关的话题。蛇之生生不息，顽强坚忍；睥睨群雄，勇者无惧；以柔克刚，逶迤精进，皆可激励着我们，在困难面前毫不退缩，于坎坷之途锐意进取！

巨蟒威仪

结语

十二生肖保留至今，堪称民俗文化活化石，其源远流长，古老神秘，内涵丰富，影响深远。无论男女老幼，每人皆可获取一个，而不得多占；且因属前世修来，任何人皆不可选择或替换，而是要与之相伴终生。所以，在等级色彩强烈、平等意识稀缺的中华文化体系内，属于为数不多的带有平等色彩的文化因子。对其予以关注，理所当然。而最佳方式，应为信而不迷、敬而不痴。具体启示，拟归纳为以下六点：

其一，各位生肖偶像的最大优点，就是乐天知命，懂得适可而止。它们或徜徉于崇山峻岭，或遨游于湖海江河，从不亵渎、毁坏上述的一切，利而不害，为而不争，保护生态，不教自通。我们应模而仿之，挚诚感谢大自然一切赐予包括自己的生命，更要真心满足于这些赐予。

其二，通过对十二生肖的逐一展示，我们发现不同物种之间，存在着巨大差异。其实，任何一种动物都与人一样，有着与生俱来的优点与缺陷，在不同时间、不同地点，会面临不同际遇、拥有不同命运。而即使是同一种动物，个体差异也必然存在，甚至别似霄壤。这就告诉我们，不应为某一生肖而沾沾自喜，更无须为某一属相而懊恼沮丧。安危荣辱、成败存亡，关键仍掌控在自己手中，即所谓事在人为。而只要人人皆能自觉遵循老子在《道德经》中为世人留下的“知雄守雌，知荣守辱；利而不害，为而不争”之理念，生活就会变得和顺美好，天下必将长治太平。

其三，试引入佛教的理念而阐释之，我们不能改变前世之修为，那就应当欣然接受。但更应注重也可以适当把握今生之运程，靠精进而克服禀赋之短。在认清自身与生俱来的缺陷之后，应有意克服，慎言笃行，念念不忘。只要坚持不懈，即可在很大程度上超越宿命，甚至完成升华。

其四，万物并生，互有短长，且优势、劣势并非一成不变。在不同境遇下，常常会发生转换。认清自身之弱，往往是强之端；而过高估计自身之强，恰恰是弱之始。所以，依仁持智，适时而用，则无咎。即孟子所谓“唯仁者能以大事小，唯智者能以小事大”。

其五，众生平等，万物同源。我们不仅要对同类施以爱心，同时也应善待身边各种动物。因前生今世，难以确知；抑恶扬善，有利无弊。

其六，我们并非知之甚多，在自然万物之机理方面，我们仅知表象而非实质，仅能识近而不能知远。我们欲望巨大，而能力有限；我们心比天高，而一生苦短。所以，唯淡泊敬诚，方可心灵宁静；唯如履薄冰，方可一往无前。我想用晚清翰林曾文正公之信条予以诠释：“唯天下之至诚能胜天下之至伪；唯天下之至拙能胜天下之至巧。”（《曾国藩家书》）信然。

转瞬之间，一轮已过；已践前言，如释重负。最后，我想用一首七言诗，以完成结语。诗曰：

策马趋蛇十二春，龙藏虎隐杳无痕。鸡声难醒慵猴梦，鼠语安得慧兔心。犬彘匆匆奔有路，牛羊惴惴遁乏门。一轮撰罢当封笔，续谱新篇待后人。

附一

虎年说猫

虎年到，猫也笑。毕竟是亲戚兼师徒，当有福同享，一荣俱荣也。

狗与猫皆为人类挚友，追随人类近万年，亦步亦趋，如影随形。但在中华十二生肖中，狗有席而猫无位。究其原因，众说纷纭，遂成为一个有趣的话题。人类养猫的历史虽晚于养狗，却也已有数千年之久。其擅长捕鼠驱鼠，具有实用价值；其姿仪高雅恬静，具有审美价值，与先民相伴相依，登堂入室。而生肖系列有名额十二，赐猫一席，当在情理之中，而不是非分之想。但古人视野受时空制约，远不似当今

生肖邮票——猫（越南）

之开阔。我中华祖先定十二生肖，只能于当时在其身边“工作”的诸位中选取。综观十二生肖，“六畜”即马、牛、羊、鸡、犬、豕皆与焉。其余六种亦乃与人类关系至为密切者，如虎、鼠、兔、蛇、猴等。唯龙乃人工合成之神兽，虽不见于尘世，然无所不能，无所不在，为万民所景仰膜拜者。据文献记载，十二生肖形成于春秋战国时期。《诗经·小雅·吉日》中，就有“吉日庚午，既差我马”之句，意为庚午吉日时辰，猎马已经准备好。这是午和马相对应的具体例证。1975 年 12 月，在湖北省云梦县睡虎地出土秦简一批，其《日书》之中，有十二生肖的详细记载，证明其在秦时已广泛流传。而猫虽被埃及人接纳已不下五千年，但来我中华时，已是汉代。既然十二名额被占满，只得屈居编外。

动画片《老虎学艺》剧照

我中华文化素来伸缩性强，长于变通。猫于生肖榜上无名，难免有不平之鸣，当给个落脚之地，以为安慰。思来想去，便有了“猫分虎寅”之说。明清时期，有民间隐语称猫为“准寅”。寅者，虎也。准寅者，非虎而似虎也，给猫定位，其妙天成。

的确，猫虎同宗，容止酷肖，习性趋同，只是体形差异巨大。猫是微缩的虎，而虎是放大的猫。近身之物总觉得大，远处之物总觉得小，所谓“一叶障目，不见泰山”是也。猫近虎远，且虎过于强悍，不可昵之。所以猫在人心目中的地位绝不亚于虎，在日常生活中，猫与人的密切程度也远胜于虎。古语有“照猫画虎”之说，虽非褒扬，但也无强烈贬损之意。且中国自古便有“猫为虎舅”、“猫为虎师”之说，宋代大诗人陆游为自己所写《嘲畜猫》诗加注云：“俗言猫为虎舅，教虎百为，惟不教上树。”他还在另一首诗《赠猫》中写道：“鼠穴功方列，鱼餐赏岂无。仍当立名字，唤作小於菟。”於菟乃虎之别号，小於菟即小虎也。

又逢虎年，在关注虎的同时，也不禁使我们更多地想到作为老友的猫，故而一说。

（越南十二生肖中，寅虎之位被猫所替代，特此说明）

相依为命

附二

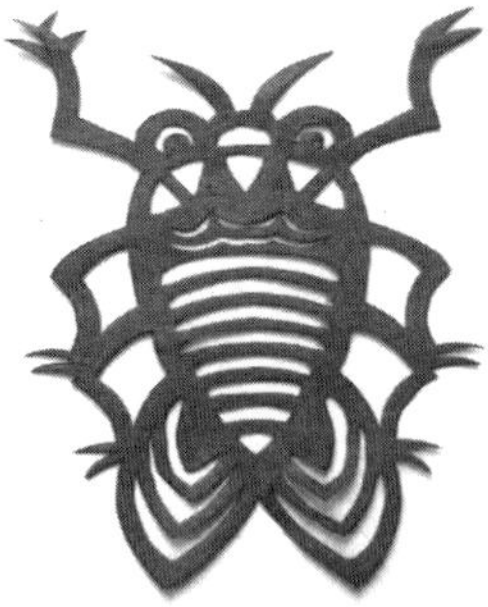

蝉士奇缘

每逢夏日，我们都会听到蝉的长吟。尽管其形体娇小，却声调奇高。此辈时而独唱，时而齐鸣，但音色却不敢恭维，单调乏味，缺少变通，像是从缝隙中挤出的悲鸣绝响，而且是越热越叫，越叫越热。所以虽然其用尽解数，自强不息，却往往是知音者寡，甚至令人生厌。

夫蝉者，昆虫之一种也。按动物学分类，属同翅目，蝉科，俗称“知了”。全世界被发现者便有3000余种，而我国已知种类有120种，常见者有蟪蛄、蚱蝉、寒蝉、鸣鸣蝉、红蝉（药用中文名为红娘子）等名目。

未蜕金蝉

蝉为不完全变态类昆虫，变为成虫时，已被埋没多年。其若

金蝉脱壳

虫生活在地下，默默无闻，需多次蜕去躯壳后，方能长大成蝉，熬来出头之日。届时，它便伴随着急迫的心情，带着最后一层厚衣，用前足扒开一个通道，向上挺进，最终升至地面。长吸一口新鲜空气后，不禁心旷神怡，可能在心中吟道：“我被埋藏在地底多年，到今朝总得重见天光！”但初出茅庐，不可造次，亮相时机非常重要，且不敢过于招摇。它一般选择傍晚时分钻出地面，爬到植物茎秆、篱笆、墙壁或石块之上，六条腿用尽气力，紧紧抓牢。先做小憩，歇息半小时左右，便开始宽衣。从胸部背面裂开一缝，依靠体内血液冲涨和肌肉收缩，蜕去旧壳，露出两只黑色的眼睛，四片透明的翅膀，长长的触角，丰满的腹胸……真乃蝉形初具，面目一新。此过程被我华夏善于辞令的古人称作“金蝉脱壳”。

此时之蝉，体色白嫩，四翅蜷缩，如羔羊之羸弱，小鸟之无羽。可能是由于培养时间极长，故而厚积薄发，成熟速度甚快。一小时左右便由白而黄，由黄而褐，最后定位于浅黑。而前后四翅却保持洁白晶亮，近乎透明，加之有纤细黑色翅脉点缀其中，显得更加精美。人们常把制作精巧、体薄透明的工艺品，以“功薄蝉翼”喻之。从总体考察，蝉无愧于精美娇小之尤物也。

尽管在地下修炼多年，但造化不公，世道不平，赋予蝉成虫之寿命并不很长，甚至太短，一般仅为20天左右。且为传宗接代，亦须付出重大代价。交配后不久，雄虫便黯然逝去；而雌虫仍要继续取食，补充营养，以便使卵巢中的卵粒发育成形，再选择适宜树木的枝条将卵产下，完成繁殖儿女的重任。其后亦从容西归，含笑九泉。而从初夏至秋初，蝉鸣之声不断，又是何道理？原来这是因为不同种类、不同个体的蝉出土羽化时间极不整齐，故而得以前仆后继之缘故耳。

抑或是压抑时间过长，更加之表现机会太少，时间过于短暂，所以雄蝉们几乎是无一例外地高声鸣叫，大声喧哗，声嘶力竭，老而弥笃。似乎是控诉这吝啬的造化，诉说这悲惨的命运，亦算是利用短暂的时间，宣泄迟到的激情，享受宝贵的生命，寻觅寥寥无几的知音。

古语有云:“精诚所至,金石为开。”蝉音凄楚,蝉声依稀,蝉性高洁，蝉命不永，这一切还是引起了古往今来不少文人骚客的关注与共鸣，他们或颂扬，或同情，或唱和，或自喻，比兴寄托，发挥想象力，留下了诸多脍炙人口的名诗佳句。

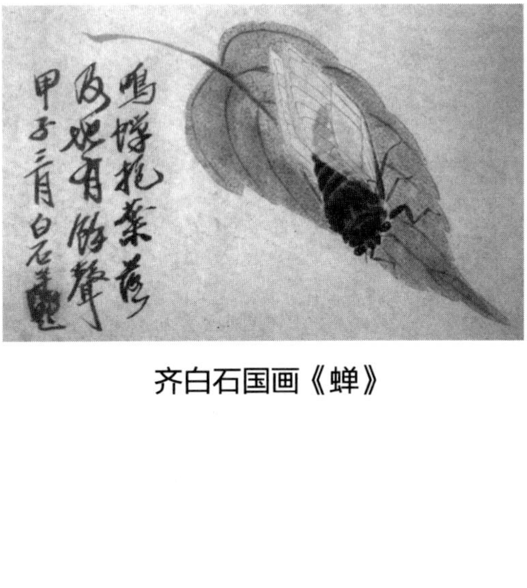

齐白石国画《蝉》

在众多咏蝉诗中，唐代虞世南之《蝉》、

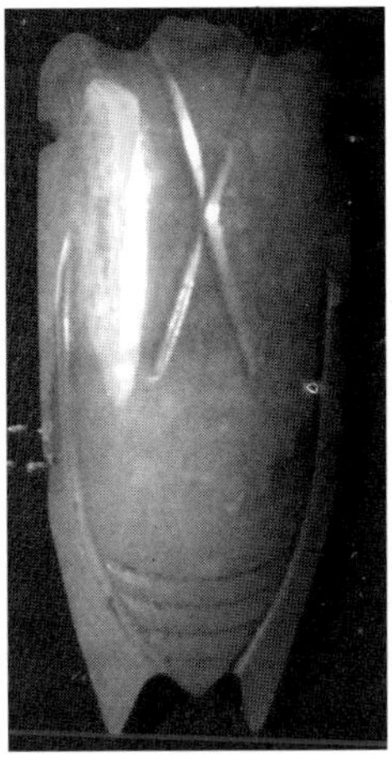
白玉蝉

骆宾王之《在狱咏蝉》、李商隐之《蝉》，在文学史上被公认为一流名篇。三者虽然题材相近，对象相同，但由于作者地位、遭际、气质之差异，作品呈现出殊异之风格，构成了富有个性特征的艺术形象，被誉为唐代文坛“咏蝉”诗之三绝。

隋朝旧臣虞世南，入唐被太宗留用。由于才高学厚，为人正直，深得器重。在其所作题名为《蝉》的五言诗中，诗人写道：“垂緌饮清露，流响出疏桐。居高声自远，非是藉秋风。”可见其笔下所咏之鸣蝉，是被当作具有高标逸韵人格的象征，成为诗人自认为是因立身高洁而非凭借外在力量而被重用的表白。

而作为“初唐四杰”之一、较虞世南稍晚的骆宾王，在高宗仪凤三年（公元678年）也曾写过一首咏蝉诗，名《在狱咏蝉》。诗人在序言中写道：

> 余禁所禁垣西，是法厅事也，有古槐数株焉。虽生意可知，同殷仲文之古树；而听讼斯在，即周召伯之甘棠，每至夕照低阴，秋蝉疏引，发声幽息，有切尝闻，岂人心异于曩时，将虫响悲于前听？嗟乎，声以动容，德以象贤。故洁其身也，禀君子达人之高行；蜕其皮也，有仙都羽化之灵姿。候时而来，顺阴阳之数；应节为变，审藏用之机。有目斯开，不以道昏而昧其视；有翼自薄，不以俗厚而易其真。吟乔树之微风，韵姿天纵；饮高秋

之坠露，清畏人知。仆失路艰虞，遭时徽。不哀伤而自怨，未摇落而先衰。闻蟪蛄之流声，悟平反之已奏；见螳螂之抱影，怯危机之未安。感而缀诗，贻诸知己。庶情沿物应，哀弱羽之飘零；道寄人知，悯余声之寂寞。非谓文墨，取代幽忧云尔。

而诗之正文曰："西陆蝉声唱，南冠客思深。哪堪玄鬓影，来对白头吟。露重飞难进，风多响易沉。无人信高洁，谁为表予心？"写这首诗时，原本任侍御史之职的骆宾王，已因上疏论事触忤武后而遭诬，以"贪赃罪"而身陷囹圄。在这首诗中，不难体味出诗人借蝉抒怀的明确意旨；以"霜重"、"风多"喻境遇之险恶；以"飞难进"喻官场之失意；以"响易沉"喻言论被遏阻；以"无人信高洁"喻自己人品高尚，却不为时人所理解。全诗比喻贴切，语多双关，于咏物中抒怀寄情，由人到物，咏物及人，达到了物我浑一的境界，是咏蝉诗中不可多得之佳作。

在狱咏蝉

晚唐诗人李商隐的《蝉》诗，亦别有韵味。诗人写道："本以高难饱，徒劳恨费声。五更疏欲断，一树碧无情。薄宦梗犹

倚树之蝉

泛，故园芜已平。烦君最相警，我亦举家清。”诗人满腹经纶，抱负高远，然而却由于为人清高而生活凄苦；后来又阴错阳差，陷入牛李党争的夹缝之中而不受重用，潦倒终生。因而诗人在听到蝉的鸣唱时，便自然由蝉的立身高洁联想到自己的清心傲骨，由蝉之知音难觅联想到自己的踽踽独行。于是发出“高难饱”、“恨费声”的慨叹。

以上三首诗都是唐代借咏蝉以寄意的名作，但由于三位诗人地位、际遇、气质不同，使三诗旨趣有别，各臻其妙，被称为唐代咏蝉诗的“三绝”，实名至实归者也。清人施补华在其所撰《岘佣说诗》中曾评价道:“同一咏蝉,虞世南‘居高声自远，端不借秋风’，是清华人语;骆宾王‘露重飞难进，风多响易沉’，是患难人语；李商隐‘本以高难饱，徒劳恨费声’，是牢骚人语。比兴不同如此。”可谓见解独到，一语中的也。

中国是诗的国度，无数美丽诗篇汇成了文学艺术的海洋。除上述三首名篇之外，历朝历代咏蝉诗不胜枚举。而同样是蝉鸣，不同的人在不同的境遇下听起来往往会有不同的感受，生出不同的感慨。这种感受在诗中会淋漓尽致地反映出来。譬如:“造化生微物，常能应候鸣”（唐许裳《闻蝉》），“高蝉多远韵，茂树有余音”（宋朱熹《南安道中》）等，对蝉这一身微而声高、应时而韵远的小小精灵表现出明确的好感。蝉声曾撩出长年漂泊在外的唐代大诗人白居易乡愁缕缕："一闻愁意结，再听乡心起。渭上新蝉声，先听浑相似。衡门有谁听？日暮槐花里。"（《早蝉》）蝉声也曾使唐代大诗人刘禹锡闻声悲起，满心凄凉："蝉声未发前，已自感流年。一入凄凉耳，如闻断续弦。"（《答白刑部闻新蝉》）蝉鸣还曾使有志却无成、空有一腔报国热情而无处施展的唐代诗人雍裕之潸然泪下："一声清溽暑，几处促流身。志士心偏苦，初闻独泫然。"（《早蝉》）蝉本无知，蝉鸣原本亦不关愁苦，然而许多诗人却闻蝉而愁，为蝉而苦，这都只不过是因为诗人自己心中有愁、自身有苦。正如宋代诗人杨万里所咏："蝉声无一添烦恼，自是愁人在断肠。"（《听蝉》）而王国维在《人间词话》中亦有云："以我观物，故物皆著我之色彩。"因此，我们不难理解，蝉声凄凉的感受，只不过是诗人各自内心情感的流露和勃发而已。

当今时日，我们已经认识到蝉的幼虫生活在地下期间，靠吸食植物根部的汁液维持生命；而成虫则靠吸食树木枝干的汁液为生，就树木而言，属于准害虫也。然而，古人却误以为蝉是靠餐风饮露为生，故把蝉视为高洁的象征，并咏之颂之，或借此来寄托理想抱负，或以之暗喻自己

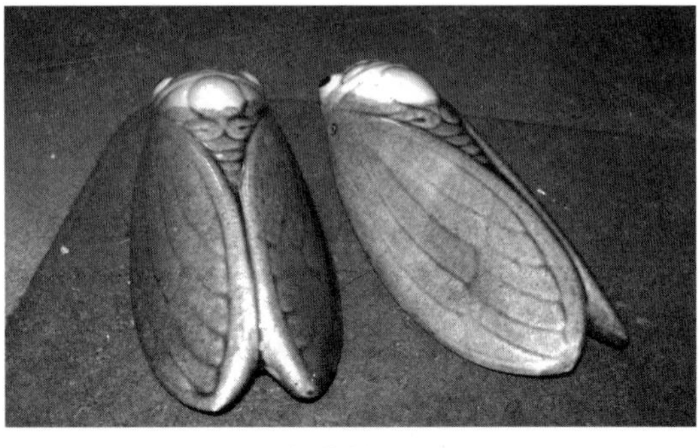
陶瓷蝉

命运的坎坷和身世的不幸。不过，即使在古代，亦有人对其不存好感，写诗以讽刺蝉的污浊，唐末诗人陆龟蒙和罗隐的咏蝉诗便是典型代表。陆龟蒙写道："只凭风作使，全仰柳为都；一腹清何甚，双翎薄更无。"在其笔下，蝉是卑鄙浅薄之辈。而在罗隐的笔下，蝉则是趋炎附势之徒："大地工夫一为遗，与君声调偕君绥。风栖露饱今如此，应忘当年滓浊时。"两诗借蝉论世，对唐末的社会腐败、官场污浊予以讽刺和抨击。而蝉何辜，实在是代人受过，委屈冤枉也。

世俗之人多烦蝉鸣，而诗人却由此生出无限诗兴，创作出无数作品。蝉高鸣狂吟，不避暑热，不惮辛劳，终于觅到知音，赢得共鸣。小小寒蝉如若有知，亦可自觉未枉来一世矣。

古玉蝉

赞曰：与时偕行，时髦一把；脱下长袍，换上马甲；十年修炼，终得潇洒；润喉运气，悲声嘶哑；吵死诸位，不惧讨打；穷酸文人，知音仨俩；摇唇鼓舌，发疯冒傻；秋风骤至，归宿在哪；零落成泥，不失其雅；物伤其类，古今通法；特献小诗，真情无假。

附三

小黄列传

小黄者，吾家曾承养之幼猫也。五十元请得于官园市场，牝身，当时不足满月，以毛色黄白相间而黄多白寡，故名之曰小黄。性情温顺，甚是可人；讲究卫生，勤于梳洗；慧中外秀，善与人交，尤喜卧于人两髀间，颇得吾儿邸达喜爱，辄拥之于怀，不忍释手。其胃口甚佳，最喜啖肉，每每用膳，辄出“呜呜”之声，音量之大、气势之雄，与其身材性别不符，令人忍俊不禁。

数日后，妻炖得羊蝎一釜，吾先奉小黄享之。其饕餮而食，自强不息，奋勇之状，吾不及也。未料得乐极生悲，当夜便玉体染恙，吐泻不止。翌日清晨送宠物医院诊治，打针输液，并开药数种，遵医嘱服下，病情少敛。

未料得，小黄自此竟水米不进，食欲全无。强行灌药，则大呼小叫，声

恬静优雅

正襟危坐

嘶力竭；而后则呕出药液，屙出黄汤。初，仍可步履轻盈，上下于座椅，出入于怀抱。吾下班归来，小黄必起身相迎，柔声以唤。而后随病情不断加重，断无兴致梳妆打扮，以致形容枯槁，面色憔悴，蓬头垢面，瘦骨嶙峋，见之令人肠断也。

约一周后某日傍晚，吾结束一天营营归巢。只见小黄迓之门后，步履维艰；喁喁而语，嗓音嘶哑。吾方落座，伊即倾全身之力，爬上沙发；移颤抖之躯，贴吾腿侧；声调低弱，欲言又止；举目凝望，不胜依依，一阵不祥预感隐隐袭来。妻归，见状既感动又急切，二人偕之火速赶往医院。途中只觉小黄体温渐冷，目光迷离。兽医投上一瞥，便声言其病入膏肓，不可救药。吾妻不韪，力主输液以救。医言幼猫羸弱至此，定不胜药力，药液入体之际，即是其气绝之时。吾妻仍坚持立即输液，并声言后果自负。医无奈，只得从命。果然针头嵌入，小黄身体微有痉挛；而药液方流，小黄便周身瘫软，双目紧闭，驾鹤西行，呜呼哀哉。遗体娇小，竟不能盈握也。

吾二人不忍弃之而去，偕而南归。趋至阜成门南侧二环路旁，见此地有苍松翠柏，碧草繁花，可为小黄万年吉地也。此时夜色已深，人迹难觅，灯影惨淡，星月无光。二人掘土为穴，将小黄礼葬于某苍松之下，并以生前最喜追逐之绒鸟一只陪葬之。猫生短暂，倩影依依，吾竟无计可挽回弱小之生命；眠于高冈，俯瞰车流，似可聊慰其孤独寂寞也。

斯猫已去，其魂尚存。至今犹依稀可见案前之莲步款款，尚隐隐可闻帘后之娇语声声。最难以接受者，数年来，妻儿辄抨击吾乃谋害小黄之元凶，虽千古奇冤，然百口难辩也。

每日奔竞往返，必经阜成门。遥望桥南绿地，不禁怅然若失。当年小黄举纤手而梳洗，闻肉香而欢悦，享美食而高歌，倚棉垫而安卧之情景，仍历历在目，宛若昨天。而身后之凄凉，上不得见天日，下不得饮黄泉，更难避露浸雨浇，潮湿阴冷；霜压雪沃，刺骨奇寒；伶仃孤苦，零落依于草木也。每每思及，恨与愧并！

赞曰：倩哉小黄，自爱自强；温柔敦厚，聪慧善良；乐极生悲，伤胃断肠；群医束手，药石难搪；来去匆匆，享寿弗长；玉洁冰清，不得其郎；身后寂寞，孤眠路旁。特献此文，伏惟尚飨！

若有所思

附四

猫狗异同

人类为万物灵长，在很早以前就开始懂得将野生动物驯化成家畜，以满足各种生活需要。但驯化的动物大多数是草食性的性情温顺之辈，容易驯化，就是偶尔犯些脾气，对人的安全也不会构成什么威胁。相反，肉食性动物则大多为另一种性格：脾气暴躁，反复无常，又多桀骜不驯，人类只能知难而退。

但凡事都有例外，有两种小型的肉食性动物被人驯服并长期与人为伍，那就是狗和猫。它们以其对人类特有的依恋和信赖，从野兽群体中分离出来，成为人类最亲密的伙伴。在漫长的历史过程中，其性格发生了重大变化，具备了与人类相似的某些特点，因

相互体贴

而备受主人的喜爱，甚至被当作家庭成员，享受着高水准现代生活。但它们又各有各

五子登科

的性格，在优缺点方面各有千秋。在此我们不妨比较一下这两种动物性格的异同。

先谈谈狗。狗和狼属血缘近亲，但性格迥异。不知先人们用了何种妙法，能把它们对主人的忠诚度训练到了愚蠢的境界。这也是人能称道它们的最重要的原因。在漫长而艰苦的狩猎时代，狗为人立下了不可磨灭的功绩。同时，它们也造就了自己的光辉形象和口碑。孟子有云：威武不能屈，贫贱不能移。在此用来形容它们也属贴切。它们忠于职守，任劳任怨；服从命令，绝不迟疑；爱憎分明，不附己见；跟定一人，终生不变，忠诚不贰，颇有些人中“君子”之境界。但由于其行事皆看主人的脸色，无丝毫自己的主见，加之在主人面前毫不掩饰地谄媚讨好，世人多有“摇尾乞怜”之讥。另外，不讲卫生、喜食秽物、体味儿难闻、大呼小叫、仗势欺人，使人很容易联想起毫无尊严的“狗腿子”的卑微形象。总之，狗集众多优点和缺点于一身，因而所获褒贬不一，毁誉参半。

而猫则不然。就表面现象而论，它们的优点大概就是讲究卫生（会洗脸、盖屎，仅此而已），而缺点则数不胜数：

懈怠散漫，好吃懒做；从无所谓“责任感”，很像人中“小人”之作为。它们擅长捉鼠，但也属业余爱好，并非不做就技痒难忍。当今大多数猫已无机会施展本领，但却绝无“英雄无用武之地”的寂寞和“怀才不遇”的喟叹。不像狗，听到脚步声就如临大敌，小题大做，吠形吠声，以显示存在，搅得四邻不安。本想取悦于人，结果适得其反，令人生厌。

以拟人的方法察之，狗属怀有入世价值取向的一类，似乎是儒家学说的信奉者。它们几乎是在忘我工作，纪律性强，忠诚而可靠；整日忧心忡忡，用警惕的目光注视一切；它们的思维方式十分僵化而传统，在其眼里，只有主人是“人”，其余皆不足道哉；判定善恶是非之标准唯主人马首是瞻，毫无个人主见。

而猫则属抱有出世价值取向的一类，似乎是道家学说的信奉者。它们生来似乎就是为了享受生命，十分自我。善待我者，我即追随之；不善待我者，我则背弃之。仔细考察，它们也有数种美德在身，即勇武、激情与沉静。捕鼠时如猛虎下山，勇武也；叫春时似诗人高吟，激情也；小憩时若高僧打坐，沉静也。但这一切皆出自本性，全无矫揉造作之嫌。所以，尽管它们不像狗那么用尽全身解数取悦于人，但仍然赢得了许多人的喜爱。

平起平坐

在生活条件恶劣的远古时代，狗的确曾大有作为，而在已无须与野兽肉搏的今天，狗的英雄豪气多无机会展现，体形硕大的猛犬反不如毫无气力的叭儿狗拥有人气，致使狗留给人的印象是下作多于勇武，从而严重损害了狗的形象。而同样也是无用武之地的猫，却在脱离了实用主义审美标准且越来越具博爱意识的现代大受欢迎。

其实，对狗和猫的态度也能折射出一个人的个性和价值取向。一般而言，性情比较专断、有失落感的人更喜欢狗，借以享受被无限忠诚的滋味，从而弥补一下在人间想要达到却无法达到的境界；而性情比较随和、成就感较强的人多喜欢猫，在对其自然、率真的个性和格调的欣赏过程中，实践“万物皆有尊严”的理念。总而言之，狗在传统社会里占尽先机，而猫在现代社会里则越来越受青睐。

（因此文发表于《狗年说狗》之前，故描写狗性之部分被重复使用，特此说明）

卧拥书城（作者家养白猫，现年11岁）

后记

唐诗有云："浮云一别后，流水十年间。"徜徉于上一个马年门前之情景宛如昨日，而转瞬间竟已十有二年。在此过程中，曾对我恩重如山、耳提面命的导师王锺翰先生，已驾鹤西去，魂归道山；诚邀我撰写说生肖随笔、并引为人生知己的杲文川兄，已年过六旬，退休数年。一代新人换旧人，满目皆是青春脸。有道是一番相见一番老，怎奈得凄怆落寞情何堪。

随着传统文化热的兴起，国人对生肖文化的重视程度也与日俱增，各种出版物和文章层出不穷，几令人目不暇接。这是文化自觉自信的必然产物，是学术繁荣的具体体现。我为能参与其中、力尽绵薄而聊感安慰，欣欣然也。

当今一大趋势，是书越印越厚，文章越写越长，且愈演愈烈，难以逆转。仿佛只有如此这般，才显得学问大，功底深。但我依然铭记并遵循吾师锺翰先生之告诫，不用乖僻之字，不引艰涩之典，不坠无谓之谈，不惜文章小短。且为报纸供稿，不宜过长，故而其中篇幅最长之龙文与虎文，亦不过五六千字；而马文与蛇文，仅不及三千字而已。当长则长，当短则短。

浓缩之物，方为精华，凝练之文，才有神品。十二篇中，自认为最为精彩者，非马文莫属。其他十一篇，尽管也尽了最大努力，但仍不能令自己满意，水平参差不齐，甚至难免获“续貂”之评。世间万事，一利必有一弊。尽管本人初衷是想保持风格划一，却似乎搞成千篇一律；本希望能面面俱到，却最终导致蜻蜓点水。十二年间，时事纷纭，白云苍狗，心境也一直荡漾起伏，上下波动，明暗交替，阴晴流转。这种情绪上的变化，也会影响到文章的语感笔势，造成文章总体水准差异明显。

《韩非子·外储说》中有这样一则故事。客有为齐王画者，齐王问曰：“画孰最难者？”曰：“犬马最难。”“孰最易者？”曰：“鬼魅最易。夫犬马，人所知也，旦暮罄于前，不可类之，故难。鬼魅，无形者，不罄于前，故易之也。”其实何止作画，作文亦然。十二生肖人人皆有，人人关注，因而羊羹虽美，众口难调，更何况清汤寡水欤？不如人意，在所难免。我已有恭候贬斥的心理准备，更真心接受指正与批评。

在新的马年即将到来之际，贺岁电影《没完没了》中那首动人的主题歌，又在耳边响起：

> 子鼠、丑牛、寅虎、卯兔、辰龙、巳蛇、午马、未羊、申猴、酉鸡、戌狗、亥猪，十二个生肖十二年。十二年本是一个循环。人与人没完没了的恨与爱，天与地没完没了的暑和寒。没完没了的喜怒哀乐，没完没了的苦辣酸甜。没完没了的春夏秋冬，没完没了的刮风、下雨和雷电。没完没了的辞旧岁，没完没了的迎新年，十二年又一个循环。

的的确确，于此循环往复之中，我们都在无可奈何地老去，江郎才尽，步履蹒跚，激情消泯，华发苍颜。此时此刻，心中闪现着骏马的英姿，耳边回荡着骐骥之嘶鸣，但我已无力再唱响献给英雄的颂歌，无心撰就奉与豪杰之礼赞。我决定，不再撰写说生肖系列，就此封笔。切望能有后来者接此题材，继续创作，立足新高度，采用新视角，获取新资料，形成新风格，将我们熟知的各位生肖偶像的无穷魅力，展示于世人面前。

在这十二年中，我还撰写过几篇描述生肖以外动物的小文，此次结集，一并奉上，以飨读者。为能让读者更加直观地感受生肖文化之魅力，我决定配上各类相关图片若干，相映成趣。在此特向所用图片之署名与未署名的版权所有者诚致谢忱！

最后，感谢李平副总编辑、刘祚臣主任的盛情；感谢杨骥川先生为封底题诗；感谢责编颜廷真博士和格子工作室张革立、周士波二位女史的辛劳。

是为记。

邱永君

癸巳孟冬于北京西城砖塔胡同太史堂